Ausfuhrzölle und die deutsche Handelspolitik

Im Auftrage
der Ältesten der Kaufmannschaft von Berlin

bearbeitet
von

Dr. Hermann Levy
Privatdozent an der Universität Halle

BERLIN 1907
VERLAG VON GEORG REIMER

Vorwort.

Die vorliegende Arbeit ist auf Anregung und Veranlassung der Aeltesten der Kaufmannschaft von Berlin entstanden. Sie soll untersuchen, welche Bedeutung die Einführung von Ausfuhrzöllen für die deutsche Wirtschafts- und Handelspolitik haben könnte. Eine derartige Untersuchung erscheint um so notwendiger, als in letzter Zeit von verschiedenen Seiten, außerhalb und innerhalb des Reichstages, die Einführung von Ausfuhrzöllen beantragt worden ist, während eine eingehende, wissenschaftliche Erörterung jenes Problems noch fehlt. Die Ausfuhrzölle haben in der handelspolitischen Geschichte der Großstaaten in jüngster Zeit eine vergleichsweise so geringe Rolle gespielt, daß sie auch in den einschlägigen Lehrbüchern (Helfferich, v. d. Borght, Grunzel usw.) nur eine summarische Behandlung erfahren konnten. Der ausgezeichnete Aufsatz von Professor Lexis, der einen höchst wertvollen Beitrag zur Geschichte und Theorie der Ausfuhrzölle bildet, berührt ebenfalls nicht jene Gruppe von Fragen, welche durch die neuesten Bestrebungen nach Einführung von Ausfuhrzöllen bedeutungsvoll geworden sind.

Die Erkenntnis, daß hier eine Lücke in der handelspolitischen Forschung bestehe, die sich in kommender Zeit immer fühlbarer machen werde, bewog mich, der Aufforderung der Aeltesten der Kaufmannschaft Folge zu leisten.

Ausdrücklich sei darauf verwiesen, daß meine Arbeit am 15. April 1907 zum definitiven Abschluß gelangte, und daß die wirtschaftlichen Geschehnisse nicht über diesen Termin hinaus behandelt worden sind.

Den Herren Bergrat a. D. und Reichstagsabgeordneten G. Gothein und Bergassessor Dr. Loewe spreche ich für die mir freundlichst geleisteten Dienste meinen verbindlichen Dank aus.

Halle a. S., 15. April 1907.

Hermann Levy.

1. Abschnitt.

Die Ausfuhrzölle der Vergangenheit und Gegenwart.

I. Zur Geschichte der Ausfuhrzölle.

Die meisten europäischen Kulturländer haben in der Vergangenheit Ausfuhrzölle als Mittel der äußeren Handelspolitik gekannt. Die Blüte dieser Ausfuhrzölle reicht hinein bis in das 19. Jahrhundert. Sie fällt vor allem in die Zeit der merkantilistischen Handelspolitik, von der zahlreiche Länder Einfuhr- und Prohibitivzölle, Ausfuhrprämien und anderes, nicht aber Ausfuhrzölle übernommen haben. Freilich, nicht nur die Handelspolitik der Vergangenheit weist Ausfuhrzölle auf. Auch in unseren Tagen existieren sie in nicht unbedeutender Zahl. Allein jene Ausfuhrzölle finden sich in der großen Mehrheit bei nichteuropäischen Ländern oder solchen europäischen Staaten, die handelspolitisch nicht an der Spitze stehen. Von wirtschaftlich bedeutsamen Kulturländern weisen nur wenige und diese nur vereinzelte Ausfuhrzölle auf.

So könnte es scheinen, als ob die Erfahrungen, welche bisher mit Ausfuhrzöllen gemacht worden sind — indem sie der Geschichte oder wirtschaftlich uns fernstehenden Ländern angehören — für den Zweck dieser Arbeit wenig verwertbar seien. Dem ist nicht so. Soweit die prinzipielle Bedeutung der Ausfuhrzölle in Frage kommt, können auch uns die bisherigen Erfahrungen von Nutzen sein. Sie zeigen vor allem den eigentümlichen Dualismus der fiskalischen und wirtschaftspolitischen Verwertbarkeit von Ausfuhrzöllen, ein Dualismus, der sich zwar auch bei den Einfuhrzöllen vorfindet, der aber bei den Ausfuhrzöllen besonders bedeutsam wird. Die Frage, ob dem finanzpolitischen Nutzen der Ausfuhrzölle wirtschaftspolitische Vorteile oder Schäden gegenüberzustellen sind, bildet auch heute den Kernpunkt der Debatten über die Neueinführung von Ausfuhrzöllen. Die Klarlegung jener Doppelwirksamkeit von Ausfuhrzöllen aber findet zunächst einen wesentlichen Stützpunkt in der älteren handelspolitischen Geschichte.

In dieser Geschichte nun tritt anfangs die fiskalische Bedeutung der Ausfuhrzölle fast ausnahmslos in den Vordergrund. Hierdurch unterscheiden sich die älteren Ausfuhrzölle, diejenigen des 14. bis 17. Jahrhunderts, zum größten Teile von den Ausfuhr*verboten*, welche von Anfang an wirtschaftspolitische Zwecke verfolgten.[1]) Die mittelalterlichen Ausfuhr*verbote* hatten das Ziel, durch eine Verbilligung von Rohmaterial und Lebensmitteln die Produktionskosten der Fertigfabrikation zu ermäßigen und diese gegenüber dem Auslande konkurrenzfähig zu machen. Während sich demgemäß die Ausfuhrverbote im allgemeinen auf Rohstoffe beschränkten, tritt der *fiskalische Charakter der Ausfuhrzölle* des Mittelalters darin zutage, daß sie sowohl vom Rohmaterial wie von *fertigen Produkten* erhoben wurden. So wurden zu Anfang des 14. Jahrhunderts in Frankreich Ausfuhrzölle auf alle Waren eingeführt, und bis hinein in das 18. Jahrhundert bestanden sie für solche *Fabrikate* wie Tuche, Leinewand, Wirkwaren, Hüte, Luxus- und Modewaren.[2]) Ebenso dienten in England zunächst die Ausfuhrzölle fast lediglich dem fiskalischen Interesse: so der Ausfuhrzoll auf Kohlen, mit dem die Königin Elisabeth sich Mehreinnahmen zu verschaffen suchte, und der auch von ihren Nachfolgern aus rein fiskalischen Gründen aufrecht erhalten wurde.[3]) Auch der erste, überhaupt bekannte englische Ausfuhrzoll auf Wolle vom Jahre 1275 diente lediglich fiskalischen Zwecken. Er wurde freilich sehr bald zum Schutzmittel für die erblühende Tuchindustrie, und im 15., 16. und 17. Jahrhundert trugen die englischen Wollausfuhrzölle einen durchaus protektionistischen Charakter. Aber neben ihnen bestanden bis in die zweite Hälfte des 17. Jahrhunderts Ausfuhrzölle auf fertige Tuche, die naturgemäß nur einen fiskalischen Zweck verfolgten. Erst im Jahre 1721 wurden die Ausfuhrzölle auf Woll- und Leinen*fabrikate* beseitigt. Nach dem konsolidierten Tarif vom Jahre 1660 waren die Ausfuhrzölle in England fast ebenso allgemein wie die Einfuhrzölle und bestanden sowohl beim Export von Rohstoffen wie von Fabrikaten. Erst das 18. Jahrhundert räumte mit den Ausfuhrzöllen für fertige Produkte auf. Die Tatsache aber, daß nunmehr die Zahl der Ausfuhrzölle von 212 im Jahre 1660 auf 50 im Jahre 1787 herabging, zeigt, wie groß die Zahl der auf den Fabrikaten lastenden Ausfuhrzölle früher gewesen sein mußte.[4])

Daß die Ausfuhrzölle, und zwar nicht allein diejenigen auf Fabrikate, sondern teils auch diejenigen auf Rohstoffe, noch im 17. Jahrhundert einen so stark fiskalischen Charakter tragen,

---

[1]) Ueber einzelne Ausnahmen, bei denen die Ausfuhrverbote durch käufliche Lizenzen zu umgehen waren und insofern einen fiskalischen Charakter trugen, vgl. Lexis im Handw. der Staatsw. II. S. 40.

[2]) Vgl. Lexis a. a. O.

[3]) Vgl. Th. Wood Bunning. The Duties an Coal. Newcastle 1883. S. 4 und 5.

[4]) Vgl. für diese Ausführungen Palgraves Dictionnary. Vol. I p. 794 ff., ferner Lexis a. a. O. S. 41.

erklärt sich vor allem daraus, daß die Regierung eine Belastung des Exports durch jene Zölle für handelspolitisch durchaus ungefährlich hielt. Man ging von der Ansicht aus, das Ausland und nicht der Exporteur werde den Zoll tragen; diese Ansicht begründete sich mit Recht auf der Tatsache, daß die exportierenden Länder des Mittelalters sich im Auslande in der Regel einer gewissen Monopolstellung erfreuten. Englische Kohle z. B., so hieß es in einer Schrift am Ende des 17. Jahrhunderts,[1] benötigte Frankreich „wie die Fische das Wasser". Aehnlich stand es mit anderen Rohstoffen, wie etwa dem Zinn der Grafschaft Cornwall. Die Erhebung von Ausfuhrzöllen auf derartige Produkte bedeutete nur, wie selbst Sir William Petty, ein früher Gegner der Ausfuhrzölle, hervorhob, daß der Staat von „dem außerordentlichen Gewinn", den ein solcher „Trésor Trouvé" abwerfe, einen gebührenden Anteil empfange.[2] Aber auch beim Export von Fabrikaten war im Mittelalter und später die Meinung nicht unbegründet, daß das Ausland den Ausfuhrzoll trage. Da in jener Zeit der Verkehr der einzelnen Länder miteinander und die internationale Konkurrenz wenig entwickelt war, gab es, wie schon die vielen Warenbezeichnungen nach Orten und Gegenden zeigen, viele Spezialerzeugnisse, die besonders verlangt wurden. Vor allem handelte es sich bei den Gütern, die auf große Entfernungen transportiert wurden, um Monopolartikel einzelner Gegenden, die von den Käufern hoch bezahlt wurden: so bei seidenen und kunstvollen Geweben, Wollentuchen, Eisen, Zinn usw.[3] Gefahr und Kosten des Transportes waren hoch, hoch aber auch der Nutzen am einzelnen Stück, und da viele Waren bis zu einem gewissen Grade eine monopolistische Preissteigerung zuließen, so konnte diese durch einen Exportzoll zugunsten des Fiskus ausgenutzt werden.

Eine energische Verminderung der Ausfuhrzölle fand erst statt, als die handelspolitischen Maximen des Merkantilismus stärkere Geltung gewannen, in Frankreich und England vor allem im 18. Jahrhundert. Als fiskalisches Hilfsmittel wird in dieser Zeit der Ausfuhrzoll beseitigt, wo er handelspolitisch schädigend wirkt. Dagegen benutzt man ihn jetzt, da wo er bestehen bleibt, fast überall aus in erster Linie wirtschaftspolitischen Gründen. Zu den handelspolitischen Zielen der Merkantilisten gehörte die größtmögliche Steigerung des Exports von Fabrikaten. Diesem Ziele mußten aber die Ausfuhrzölle auf Fabrikate, welche bei der zunehmenden Konkurrenz der Länder miteinander die Aus-

---

[1]) Vgl. Ch. H. Hall. The economic Writings of Sir W. Petty. Cambridge 1899.

[2]) Vgl ebenda.

[3]) Vgl. W. Lotz. Verkehrsentwicklung in Deutschland. Leipzig 1900. S. 12.

fuhr erschwerten, diametral entgegengesetzt sein. Ebenso mußten die Ausfuhrzölle, sowohl auf Fabrikate wie Rohstoffe, da hinderlich sein, wo man nicht ein absolutes Monopol oder eine monopolähnliche Stellung besaß. Deshalb verlangte schon Sir William Petty im 17. Jahrhundert die Beseitigung aller Zölle auf Exportwaren, ausgenommen solcher, die im Auslande Monopolpreise erzielten.[1]) Es war die fiskalische Zweckmäßigkeit der Ausfuhrzölle mit ihren wirtschaftspolitischen Wirkungen in einen heftigen Konflikt getreten. Am stärksten zeigte sich dies vielleicht in Frankreich, wo die finanzielle Bedeutung der Ausfuhrzölle besonders groß war. Nur nachdem der heftige Widerstand des Generalpächters Templier gebrochen war, gelang es im Jahre 1701, zunächst die Zölle auf Tücher und Leinwand um 50% herabzusetzen.[2])

Allein der Merkantilismus, der sich einerseits gegen Ausfuhrzölle richtete, die auf den Export von Fabrikaten ungünstig wirkten, erhob andererseits die Ausfuhrzölle zu einem wichtigen Mittel seiner handelspolitischen Bestrebungen. Durch Ausfuhrzölle auf Rohmaterial und Halbfabrikate sowie auf Lebensmittel sollte die Fertigfabrikation im Inlande verbilligt werden; es sollte durch sie eine Wohlfeilheit an jenen Waren erzeugt werden, welche die Weiterverarbeitung verbilligen, dadurch indirekt die Ausfuhr von Fabrikaten heben und diese im Auslande konkurrenzfähiger machen sollte. Ja, man hoffte geradezu, das Ausland in seiner Fertigfabrikation durch die Exporterschwerungen zu schädigen. Hatte man früher, als man lediglich von fiskalischen Gesichtspunkten ausging, eine Behinderung der Ausfuhr nicht bezweckt, so sollten jetzt die Ausfuhrzölle, die man bestehen ließ oder neu hinzufügte, den Export zugunsten der Fertigindustrie einschränken, also geradezu ausschließlich wirtschaftspolitisch wirken. Diese Wandlung in der Behandlung der Ausfuhrzölle zeigte sich überall, wo die Regierung eine planmäßige Förderung der Fertigfabrikation in Angriff nahm.

In England pries Georg I. in seiner Thronrede im Jahre 1721 „die Ausfuhr von Manufakturwaren" als wichtiges Mittel „zur Beförderung des öffentlichen Wohlstandes", und in demselben Jahre fand eine radikale Umgestaltung der Ausfuhrzölle im merkantilistischen Sinne statt.[3]) In Frankreich wurden in den Jahren 1701, 1743 und 1791 die Ausfuhrzölle auf Fabrikate ermäßigt und beseitigt, aber an hohen Ausfuhrzöllen für Rohstoffe und Halbfabrikate festgehalten. In Oesterreich und Preußen folgte man im 18. Jahrhundert derselben Politik. Fast alle un-

[1]) Vgl. Raffel. Englische Freihändler vor A. Smith. Tübingen 1905. S. 22.
[2]) Vgl. Lexis a. a. O. S. 40.
[3]) Vgl. F. List. Der internationale Handel. Stuttgart 1841. S. 83.

verarbeiteten Waren hatten, soweit ihre Ausfuhr überhaupt nicht verboten war, hohe Ausfuhrzölle zu entrichten, während die Fabrikate entweder zollfrei exportiert wurden oder nur mit geringen Ausfuhrzöllen belastet blieben.[1]) Wie weit in jener Zeit der Ausfuhrzoll als handelspolitisches Schutzmittel der Fertigfabrikation selbst in ihren kleineren Zweigen benutzt wurde, zeigen die Ausführungen bei Adam Smith.[2]) Vor allem wurde der Ausfuhrzoll auch auf Erzeugnisse der Kolonien angewandt, und zwar in Verbindung mit dem System des kolonialen Handelsmonopols. Als z. B. nach Beendigung des Krieges mit Frankreich im Jahre 1763 nordamerikanische Gebiete an England fielen, welche im Biberfellhandel hervorragten, verbot England diesen Kolonien den Verkauf von Fellen an anderen Ländern als das Mutterland und erhob selbst zugunsten der englischen Fabrikanten einen hohen Exportzoll auf jene Ware. Ganz ähnlich verfuhr man in demselben Jahre mit einem anderen kolonialen Erzeugnis, dem Gummiarabikum, dessen Ausfuhr aus den Kolonien man einzig auf England beschränkte, während die Wiederausfuhr durch einen hohen Exportzoll erschwert wurde. Auf diese Weise hoffte man der Fertigfabrikation eine besondere Konkurrenzfähigkeit, ja zum Teil eine Monopolstellung gegenüber dem Auslande zu sichern.

Allein schon zu Beginn des 19. Jahrhunderts bereitete sich langsam die gänzliche Beseitigung der Ausfuhrzölle vor. Einmal bewirkte der Zusammenbruch des kolonialen Handelsmonopols, daß die Erhebung von Ausfuhrzöllen auf eingeführte koloniale Rohstoffe ihre handelspolitische Bedeutung für die Verarbeiter des Mutterlandes einbüßte. In dem Augenblick, wo die Kolonien frei an alle Länder ihre Waren verkaufen durften, verlor das Mutterland die Möglichkeit, den Preis für besondere Rohstoffe jener Kolonien im Inlande tief, im Auslande hoch zu halten, wie man es durch Exportzölle versucht hatte.

Zweitens zeigten sich aber starke Schäden bei solchen Ausfuhrzöllen, die auf den im Inlande erzeugten Rohstoffen und Halbfabrikaten lasteten. England beseitigte die Ausfuhrzölle und die ihnen verwandten Ausfuhrverbote am schnellsten und frühesten. In dem wichtigsten Zweige der damaligen englischen Industrie, der Textilindustrie, hatte sich das System, womit man die Fertigfabrikation einen Vorsprung auf fremden Märkten zu geben gedachte, nicht bewährt. Man war hier so weit gegangen, daß man sich nicht mit einem hohen Ausfuhrzoll auf Wolle begnügte, sondern ein Wollausfuhrverbot schon frühzeitig dekretiert hatte. Der Ursprung jener Verbote — ganz ähnlich wie derjenige anderer merkantilistischen Ausfuhrverbote oder Aus-

---

[1]) Vgl. Lexis a. a. O. S. 42—43.
[2]) Vgl. A. Smith. Wealth of Nations. Edinburg 1817. II. S. 525 ff.

fuhrzölle — lag darin, daß man der britischen Wolle besondere Vorzüge einräumte, Vorzüge, welche auch den britischen Tuchen angeblich eine dominierende Stellung im Auslande geben mußten, wenn man die Rohwolle dem britischen Fabrikanten durch Ausfuhrbeschränkungen ausschließlich sicherte.

Allein trotz der englischen Wollausfuhrverbote, hatte sich die Tuchindustrie Frankreichs und Belgiens mächtig entwickelt.[1]) Das Wollausfuhrverbot mit seiner einseitigen Begünstigung der Fertigfabrikanten hatte also nicht den gewünschten Erfolg gehabt. Demgegenüber hatten die Rohproduzenten, um für die Einschränkung des Exports einen Ersatz zu finden, hohe Einfuhrzölle auf Rohwolle verlangt und im Jahre 1803 mit Hilfe des Ministers Vansittart dieselben tatsächlich durchgesetzt. Da nun ausländische Wolle zu Mischungszwecken notwendig gebraucht wurde, so verteuerte jener Einfuhrzoll den Fabrikanten das Rohmaterial, der Export nahm ab, und es erfolgte eine Steigerung der Wollfabrikatpreise, die aber nur bewirkte, daß Baumwollfabrikate stärker konsumiert wurden als bisher. So half schließlich weder die Exportbeschränkung den Fabrikanten, noch der Einfuhrzoll den Rohproduzenten. Als Huskisson im Jahre 1824 die Zölle einer Revision unterzog, ermäßigte er den Einfuhrzoll auf Wolle und setzte an Stelle der Ausfuhrbeschränkung einen niedrigen Ausfuhrzoll. So hatte das System, mit dem man die Fertigfabrikation künstlich begünstigen wollte, ein gänzliches Fiasko gerade in diesem wichtigen Industriezweige erlitten.[2]) Im Jahre 1826 wurden die Ausfuhrverbote, bis auf einige wenige, in England beseitigt und an ihre Stelle Ausfuhrzölle gesetzt. Diese stellten lediglich ein gemäßigteres Mittel desselben handelspolitischen Systems dar, daß die Ausfuhrverbote geschaffen hatte. Es sollten aber die jetzigen Ausfuhrzölle die Ausfuhr gegenüber den bisher bestehenden Verboten erleichtern. Man war eben zu der Ansicht gelangt, daß künstliche Beschränkungen der Ausfuhr nicht das Mittel seien, den industriellen Wohlstand eines Landes zu heben, und es stellten also in diesem Falle die Ausfuhrzölle den Uebergang zu der völligen Beseitigung jener künstlichen Beschränkungen dar.

Der Abfall von den merkantilistischen Anschauungen war ebenso offensichtlich wie erklärlich. Diese hatten darin gewurzelt, daß man der inländischen Fabrikation durch eine Beschränkung der Ausfuhr von Rohmaterial einen Vorsprung vor dem Auslande gewähren wollte. Dies war so lange denkbar gewesen, als man hoffen konnte, dem inländischen Fabrikanten

---

[1]) Vgl. J. B. Say. Nationalökonomie, übersetzt von Morstadt. Stuttgart 1833. II. S. 385.

[2]) Vgl. Martineau. History of England. London 1849. I. S. 348—349.

ein Monopol auf fremden Märkten zu gewähren, wenn man dem Ausland den Rohstoffbezug verteuerte.[1]) Allein jenes Monopol war nirgends in Wirksamkeit getreten.

In England hatte lange Zeit das Kupfer der Grafschaft Cornwall als ein Monopolartikel gegolten, von dessen Bezug andere westeuropäische Länder abhingen. Zur Schädigung der französischen Kriegsflotte, welche Kupferbleche verbrauchte, wurde während des nordamerikanischen Freiheitskrieges vorübergehend die Ausfuhr von Kupfer aus England verboten. Frankreich dagegen fand neue Kupferlieferanten in Schweden, Smyrna und Südamerika, begann nunmehr das eingeführte Kupfer selbst zu verarbeiten und sah sich durch die englischen Ausfuhrbeschränkungen nur wenig geschädigt. Als im Jahre 1799 die Neueinführung von Ausfuhrbeschränkungen zugunsten der Kupferverarbeiter diskutiert wurde, verwies man mit Recht auf jenen mißglückten Versuch, mit dem man das angebliche Monopol des englischen Kupfers auszunutzen gedachte. Es ergab sich aus den parlamentarischen Untersuchungen jenes Jahres, daß man mit neuen Ausfuhrbeschränkungen die heimische Rohkupfergewinnung schädigen würde, ohne damit das Ausland zu treffen, das sich anderweitig versorgen konnte.[2])

Intelligente Schriftsteller hatten schon zu Anfang des 18. Jahrhunderts davor gewarnt, zu glauben, daß das Ausland durch die Ausfuhrbeschränkungen geschädigt werden würde. Schon Vanderlint hatte im Jahre 1734 die Ausfuhrbeschränkungen angegriffen,[3]) „weil andere Nationen entweder jene Waren selbst produzieren werden oder ein anderes ihrer Produkte an die Stelle setzen, wenn sie dasselbe nicht von anderen Nationen erhalten können". Im Jahre 1790 konnte dann schon Sir John Sinclair schreiben, daß man früher angenommen habe, daß die Einfuhrländer den Ausfuhrzoll trügen, daß aber „solche Ansichten jetzt als falsch erwiesen" seien.[4]) Der Fortfall des Kolonialmonopols, die Verbesserung der Verkehrsverhältnisse, die Erweiterung des Weltmarktes und die fortschreitende Entwicklung bisher zurückstehender Wirtschaftsgebiete hatten bewirkt, daß die monopolähnliche Stellung, deren sich einzelne Kulturländer in gewissen Rohstoffen und Halbfabrikaten erfreut hatten, jetzt dahinschwand. Diese Entwicklung steigerte sich im 19. Jahrhundert von Jahrzehnt zu Jahrzehnt. Die wichtigsten Waren, auf welche einzelne Länder bisher Ausfuhrzölle gelegt hatten, wurden Welthandelsartikel, so z. B.: Wolle, Flachs, Häute, Felle, Blei, Zinn, Roheisen, zahlreiche Chemikalien usw. Selbst die englische Kohle,

---

[1]) Vgl. Grunzel. System der Handelspolitik. Leipzig 1906. S. 353.
[2]) Vgl. Report on the State of Copper Mines 1799. S. 44 ff., S. 54, 55; S. 142.
[3]) Vgl. Raffel a. a. O. S. 76.
[4]) Vgl. Palgraves Dictionnary a. a. O. S. 795.

welche so lange Zeit eine monopolistische Stellung auf gewissen außerenglischen Märkten genossen hatte, verlor in jener Hinsicht an Bedeutung. Immerhin war auch hier noch in den vierziger Jahren des 19. Jahrhunderts die Ansicht verbreitet, daß England für die Versorgung gewisser europäischer Märkte mit Kohle ein Monopol besitze.

Während Sir Robert Peel im Jahre 1842 fast alle bisherigen Ausfuhrzölle beseitigte, führte er einen neuen Ausfuhrzoll auf Kohle ein. Der auf Kohle lastende besondere Ausfuhrzoll war im Jahre 1834 aufgehoben worden und nur eine geringe Ausfuhrabgabe bestehen geblieben.[1]) Diese Befreiung vom Ausfuhrzoll hatte den englischen Kohlenexport augenscheinlich stark gesteigert. Während dieser vom Jahre 1830 bis zum Jahre 1834 nur von ca. 504 000 t auf 615 000 gestiegen war, betrug er im Jahre 1841 bereits 1 848 000 t.[2]) Es handelte sich also hier um ein vielversprechendes Zollobjekt, das vor allem angesichts des großen Defizits, das Peel im Jahre 1842 vorfand, äußerst willkommen erschien. Während man annahm, daß der Zoll von 2 sh pro Tonne den Kohlenexport in seinem bisherigen Umfange nicht reduzieren werde, konnte man ihn gemäß den Prophezeiungen eines pessimistischen Geologen damit rechtfertigen, daß eine weitere Zunahme der Kohlenausfuhr bei der Erschöpfung der Kohlenfelder nicht von Vorteil sei. Allein die Wirkungen des Kohlenausfuhrzolles waren bedenklicher Art. Die Ausfuhr ging von 1 999 000 t im Jahre 1842 auf 1 745 000 t im Jahre 1844 zurück. Die Kohleninteressenten klagten,[3]) daß sie in Frankreich, Holland und in den Mittelmeergebieten an Konkurrenzfähigkeit, vor allem mit französischer und belgischer Kohle, einbüßten, und Peel selbst mußte jenen Klagen so viel Bedeutung beimessen, daß er schon im Jahre 1845 den Ausfuhrzoll wieder beseitigte. In diesem Jahre fielen auch die Reste der englischen Ausfuhrzölle. Ein letztes Ueberbleibsel, der Ausfuhrzoll auf Kohlen, die auf fremden Schiffen exportiert wurden, verschwand im Jahre 1850.

Die übrigen europäischen Kulturstaaten, soweit sie wirtschaftliche Vormächte bildeten, beseitigten ebenfalls, wenn auch langsamer und später als England, die Ausfuhrzölle als Mittel ihrer Handelspolitik.[4]) Maßgebend für diese Beseitigung waren auch hier die uns bekannten Umstände: die mit den Ausfuhrzöllen belasteten Waren bildeten Rohstoffe oder Halbfabrikate, deren Exportfähigkeit mehr oder weniger durch einen Ausfuhr-

---

[1]) Vgl. Wood Bumning a. a. O. S. 10.

[2]) Vgl. Report an Coal 1873. S. 321.

[3]) Vgl. Dunn. View of the Coal Trade 1844. S. 231 und 234; auch Walpole. History of England. V. S. 45.

[4]) Vgl. Grunzel a. a. O. S. 358; Lexis a. a. O.; v. d. Borght, Handelspolitik. Leipzig 1900. S. 428.

zoll beschränkt werden mußte, in dem Maße wie jene Waren nicht mehr Monopolartikel eines Landes waren, sondern Stapelartikel des Weltmarktes wurden. Es wurden also große Exportinteressen geschädigt, wenn man auf jene Waren Ausfuhrzölle erhob. Eine Schädigung der fremden Weiterverarbeiter, wie sie der Merkantilismus bezweckt hatte, wurde aber nicht erzielt, da diese ja nicht mehr ausschließlich vom Bezuge der Rohstoffe aus einem einzigen Lande abhängig waren. Hatte man früher gehofft, der heimischen Rohstofferzeugung in einer Steigerung des Fabrikatexports Ersatz für die Ausfuhrerschwerung zu bieten, so fiel auch dieses Moment jetzt fort. Denn da die Rohstoffe der einzelnen Exportländer ihren monopolistischen Charakter eingebüßt hatten und Stapelartikel des Weltmarktes geworden waren, so konnte nicht ein Land dem anderen einen steigenden Import eines gewissen Fabrikats aufzwingen, dadurch daß es die Ausfuhr des entsprechenden Rohmaterials erschwerte. Das andere Land konnte sich vielmehr in solchem Falle einfach anderweitig im Rohmaterial versorgen, ohne in höherem Maße Fabrikate zu importieren. Diesen Umständen ist es zuzuschreiben, daß die Exportzölle in allen wirtschaftlich bedeutenden Kulturstaaten mehr und mehr als schädlich erkannt wurden und als künstliches Schutzmittel der Fertigfabrikation auch selbst dann nicht mehr verwandt wurden, als zu Ende der siebziger Jahre die freihändlerische Flutwelle, die über Europa gegangen war, wieder verebbte.

Im deutschen Zollverein hatten ursprünglich die Ausfuhrzölle eine gewisse Rolle gespielt. Preußen hatte freilich schon in den Jahren 1818 und 1822 verschiedene Ausfuhrzölle ermäßigt und einzelne beseitigt. Es war nur noch eine vergleichsweise geringe Zahl, welche bei den folgenden Abänderungen des preußischen und des daraus hervorgegangenen Zollvereinstarifs übrig blieb. Der Zollverein hielt an der Ermäßigung der Ausfuhrzölle fest. Im Laufe des 19. Jahrhunderts wurden sie mehr und mehr beseitigt. Zu Anfang der sechziger Jahre waren nur mehr neun ausfuhrzollpflichtige Warengattungen vorhanden.[1]) Im Jahre 1865 wurden alle Ausfuhrzölle bis auf den Lumpenzoll beseitigt, der erst durch den Tarif des Deutschen Reiches vom 7. Juli 1873 aufgehoben wurde. Auch in Frankreich, das im Jahre 1857 die Ausfuhrzölle definitiv beseitigt hatte, wurde zunächst im Interesse der Papierindustrie der Lumpenzoll beibehalten.[2]) Bei der Ausfuhr von Lumpen glaubte man in verschiedenen Ländern, in denen man die Ausfuhrzölle prinzipiell beseitigte, eine Ausnahme machen zu müssen.[3])

---

[1]) Die Hauptwarengattungen waren: Lumpen und Materialien für die Papierfabrikation, rohe Häute und Felle und rohe Pferdehaare.

[2]) Vgl. Lexis a. a. O. S. 42 und 43.

[3]) Vgl. Say a. a. O. S. 386 und 387.

Man ging hier wohl von der Ansicht aus, daß eine Erschwerung der Lumpenausfuhr die Verarbeiter begünstige, ohne eine Rohstoffproduktion zu schädigen, da ja Lumpen nicht „hergestellt", sondern nur gehandelt würden.

Im großen ganzen war zu Ende der sechziger Jahre die Zeit der Ausfuhrzölle vorüber, soweit die wichtigen europäischen Wirtschaftsmächte in Frage kommen. Die Zeit des Merkantilismus hatte die Ausfuhrzölle aus rein fiskalischen Maßnahmen zu wirtschaftspolitischen Mitteln gemacht. Allein ihre Wirkungen hatten nirgends den Hoffnungen entsprochen, die man auf sie gesetzt hatte. Die Entwicklung der modernen Weltwirtschaft hat zwar eine Renaissance der alten merkantilistischen Schutzzölle und Ausfuhrprämien nicht hindern können. Die Fortexistenz der Ausfuhrzölle hat sie aber in den meisten Kulturländern untergraben und ausgeschaltet. Immerhin ist heute, wenn wir die ganze Weltwirtschaft betrachten, die Zahl der Ausfuhrzölle nicht gering, wenn sie sich auch in den wirtschaftlichen Vormächten Europas nur vereinzelt vorfinden. Welches sind die Ziele und Wirkungen der heute noch bestehenden Ausfuhrzölle?

II. Ausfuhrzölle der Gegenwart.

Eine außerordentlich große Zahl, ja die überwiegende Masse der heute noch existierenden Ausfuhrzölle dient rein fiskalischen Zwecken. Sie sollen die Ausfuhr nicht behindern, aber der Regierung des Landes, das sie erhebt, einen direkten Gewinn am Exporte sichern. Man geht dabei entweder davon aus, daß der Exporteur den Zoll auf den Importeur überwälzen könne, oder daß der Exporteur so hohe Gewinne erziele, daß eine Besteuerung am Platze sei. Eine der beiden Voraussetzungen wird in der Regel erfüllt sein, wenn es sich um Güter handelt, für die ein Land ein Monopol oder eine monopolähnliche Stellung besitzt. Denn hier wird entweder eine Preiserhöhung, also Ueberwälzung des Zolls, möglich sein; oder aber es ist der Preis so hoch, daß eine weitere Erhöhung dem Exporte schaden würde, dann wird der Exporteur zwar den Zoll tragen, aber dann wird in der Regel auch der Unternehmergewinn so bedeutend sein, daß eine Reduzierung desselben zugunsten des Fiskus angebracht erscheint. So haben die verschiedensten Länder, die sich gewisser Warenmonopole erfreuen, Exportzölle aus fiskalischen Gründen eingeführt.

In erster Linie handelt es sich dabei um Waren kolonialen Charakters. Als typische Ausfuhrzölle dieser Art finden sich z. B. die folgenden: in den Philippinen die Ausfuhrzölle auf Zigarren, Zigaretten und Tabak, in Chile der Ausfuhrzoll auf Salpeter, in Niederländisch-Ostindien der Ausfuhrzoll auf Zinn, in Mexiko diejenigen auf Kaffee, Sisalhanf und bestimmte

Faserstoffe, in Cypern Ausfuhrzölle auf Wein, in den verschiedensten Ländern Ausfuhrzölle auf tropische Früchte usw. Von den Ausfuhrzöllen der europäischen Staaten tragen jenen fiskalischen Charakter: die griechischen Ausfuhrzölle auf Korinthen, Oliven, Olivenöl, Feigen und Wein. Ferner die Ausfuhrzölle auf Kork in Portugal und Spanien. Der Ausfuhrzoll auf Schwefel, den Italien bis vor kurzem erhoben hat, trug ebenfalls diesen Charakter, so lange, bis andere Länder den Schwefel fabrikmäßig und billiger herstellten.

Die monopolistische oder monopolähnliche Stellung, welche in den einzelnen Ländern die Erhebung von fiskalischen Ausfuhrzöllen ermöglicht, kann auf den verschiedensten Umständen beruhen. Es ist möglich, daß ein Land in der Gewinnung eines bestimmten Rohstoffes einzig dasteht (Chile: Salpeter). Es ist weiter möglich, daß ein Land eine Monopolstellung in einer Ware besitzt, weil es eine besonders hochgeschätzte Qualität liefert (Kuba: Tabak). Endlich mag ein Land überhaupt nicht ein allgemeines Monopol besitzen, aber infolge dieser oder jener Umstände, z. B. infolge der Verkehrsverhältnisse, sich einer monopolistischen Stellung auf gewissen Märkten erfreuen. Wenn jene monopolistische Stellung sich ändert, oder wenn sie in geringerem Maße vorhanden ist, als der Gesetzgeber vermutete, so pflegten die Ausfuhrzölle alsbald Wirkungen zu zeitigen, welche mit den rein fiskalischen Zwecken ihrer Einsetzung in Widerspruch stehen. Der Charakter des Ausfuhrzolls ändert sich. Die fiskalische Zwecksetzung des Ausfuhrzolls tritt in Konflikt mit dessen tatsächlichen handelspolitischen und wirtschaftspolitischen Wirkungen. Es pflegt dann die Beseitigung der betreffenden Ausfuhrzölle nicht lange auszubleiben.

Derartige Fälle sind in der Neuzeit überaus häufig gewesen. So hatte Ceylon hohe Ausfuhrzölle auf bestimmte Gewürze gelegt, an deren Produktion es ein Monopol besaß. Die Folge war, daß andere tropische Gebiete sich auf die Pflanzung jener Gewürze legten und Ceylon Konkurrenz bereiteten, so daß die Ausfuhrzölle den Produzenten schadeten und wieder beseitigt wurden.[1]) So mußte auch China, das ehedem Hauptlieferant für Tee war, infolge des großen Aufschwungs, welchen die Teekultur in Britisch-Indien und Ceylon genommen hatte, den Ausfuhrzoll auf Tee ermäßigen und dürfte ihn im Laufe der Zeit völlig aufheben.[2])

Nicht selten wirkt ein fiskalischer Ausfuhrzoll zwar nicht dauernd, aber zu gewissen Zeiten handelspolitisch unvorteilhaft. Wenn die Ueberproduktion einer gewissen Exportware, die mit einem Ausfuhrzoll belastet ist, den Weltmarktspreis stark herabdrückt, so bedeutet unter Umständen die Aufhebung des Ausfuhrzolls eine wünschenswerte Erleichterung für

1) Vgl. Harris in Palgraves Dictionnary a. a. O. S. 795.
2) Vgl. Grunzel a. a. O. S. 355.

den Handelszweig. Dies hat in einzelnen Ländern zu einer Ermäßigung, ja zeitweiligen Beseitigung der Kaffeeausfuhrzölle geführt, so z. B. in Costa Rica, Kolumbien und Brasilien. Während in diesen Ländern bis etwa 1900 die Gewinne aus der Kaffeeproduktion bei außerordentlich hohen Weltmarktspreisen ganz enorm waren, und die hohen Ausfuhrzölle als eine Besteuerung jener Gewinne zugunsten des Staates angesehen werden konnten, verloren die Ausfuhrzölle bei der dann folgenden Ueberproduktion jenen Charakter, und ihre Beseitigung erschien im Interesse der stark bedrängten Interessenten wünschenswert.[1]) Ganz ähnlich liegt es mit den griechischen Ausfuhrzöllen auf Korinthen, welche ebenfalls bei der in den letzten Jahren herrschenden starken Ueberproduktion erschwerend auf die Ausfuhrinteressen wirkten.[2]) So können rein fiskalisch gedachte Ausfuhrzölle durch die Veränderung von Produktions- und Preisverhältnissen wirtschafts- und handelspolitische nachteilige Folgen zeitigen. Um diese Wirkungen zu vermeiden, hat man eine Anpassung der Ausfuhrzölle an die sich ändernden Absatzverhältnisse in einzelnen Ländern angestrebt. So haben die malayischen Staaten im Jahre 1900 für Kaffee und Zinn eine gleitende Ausfuhrzollskala eingeführt, bei welcher die Höhe des Zolls sich nach den jeweiligen Preisen richtet.[3])

Am interessantesten ist für unsere Betrachtung wohl der Konflikt der fiskalischen und handelspolitischen Wirkungen, welcher sich bei dem jüngst in England beseitigten Kohlenausfuhrzoll gezeigt hat. Die Einführung eines Ausfuhrzolls auf Kohle hat in England seit der endgültigen Beseitigung des Zolls im Jahre 1845 verschiedentlich gespukt. So hatten die Gegner des Cobden-Vertrages die unbehinderte Ausfuhr von Kohle als eine gefährliche Schwächung des mineralischen Reichtums Englands hingestellt.[4]) Auch die außerordentliche Preissteigerung von Kohle im Jahre 1873 hatte wieder zu einer Diskussion über die eventuelle Zweckmäßigkeit von Kohlenausfuhrzöllen geführt. Jedoch verhielt sich die parlamentarische Kommission jenes Jahres zu dieser Frage völlig ablehnend.[5]) Auch im April 1901 wäre eine Einführung des Kohlenzolls kaum denkbar gewesen, wenn derselbe nicht als finanzielle Maßnahme nach dem Transvaalkriege in Betracht gekommen wäre. Als fiskalische Maßnahme wurde der Kohlenausfuhrzoll von 1 sh pro Tonne auch in erster Linie vom Schatzkanzler Sir Michael Hicksbeach befürwortet. Es handle sich um einen Aus-

---

[1]) Vgl. Amerika, herausgegeben von E. v. Halle. Hamburg 1905. S. 458 und 628; auch Grunzel, S. 355.

[2]) Vgl. den Bericht des deutschen General-Konsuls im Handelsarchiv 1906. S. 86.

[3]) Vgl. Grunzel a. a. O. S. 356.

[4]) Vgl. J. Noble. Fiscal Legislation. London 1867. S. 142.

[5]) Vgl. Report an Coal 1873. p. X und XI.

fuhrzoll, den nicht der Exporteur, sondern das Ausland tragen werde. Außer diesem Hauptargument für die wirtschaftspolitische Unschädlichkeit des Ausfuhrzolls wurde wieder geltend gemacht, daß er der allzu raschen Ausbeutung der heimischen Kohlenfelder vorbeugen werde. Trotz heftigster Opposition seitens der Unternehmer sowohl wie der Arbeiter ging dann dieser Zoll durch. Nur minderwertige Kohle, deren Preis unter 6 sh pro Tonne betrug, sollte eine Rückvergütung des Zolls erhalten und Bunkerkohle sollte frei vom Zoll sein.

Es ist äußerst schwierig, die Wirkungen festzustellen, welche dieser Ausfuhrzoll auf die englische Kohlenindustrie gehabt hat. Denn die verschiedensten Momente, welche, von ihm abgesehen, die Verhältnisse des Absatzes in den einzelnen Territorien beeinflussen konnten, dienen der Verschleierung seiner Wirkungen. So wäre es durchaus falsch, aus der bedeutenden Steigerung, welche der englische Kohlenexport seit 1901 erlebt hat,[1]) den Schluß zu ziehen, daß der Ausfuhrzoll in seinen handelspolitischen Wirkungen bedeutungslos gewesen wäre. Zunächst ist zu bedenken, daß das Jahr 1901 eine starke Abnahme der Kohlenausfuhr gegenüber dem Jahre 1900 aufwies, und daß hierdurch die Steigerung des Jahres 1902 und 1903 zunächst als das Resultat einer wieder auflebenden Exportkonjunktur erscheint, die im Jahre 1901 einen plötzlichen Rückgang erlebt hatte.[2]) Aber selbst jenes Aufleben im Jahre 1902, in welchem die Ausfuhr um ca. 1 300 000 t stieg, wäre nicht erfolgt, wenn nicht der gewaltige amerikanische Kohlenstreik im Jahre 1902 (Mitte Mai bis Ende Oktober) ganz ungewöhnliche Mengen von Kohle nach der amerikanischen Union gezogen hätte. Während von Ende Juni 1901 bis Ende Juni 1902 nur ca. 100 000 t Kohle aus dem Vereinigten Königreich nach den Vereinigten Staaten gingen, importierten diese von Ende Juni 1902 bis Ende Juni 1903 nicht weniger als 1 700 000 t Kohle aus dem Vereinigten Königreich.[3]) Diese abnormen Verhältnisse mußten also eine Steigerung des Exports hervorrufen, gleichviel ob ein Zoll bestand oder nicht, und dessen Wirkungen sind daher aus den Gesamtexportziffern nicht zu erkennen. In den Jahren 1903 und 1904 waren außerdem durch den japanisch-russischen Krieg abnorme Verhältnisse gegeben, welche die Kohlenausfuhr forcierten.[4]) Die Steigerung

---

[1]) Nach Statistical Abstract. London 1905. S. 127 und Glückauf, 19. 5. 1906, betrug die Ausfuhr von Kohle in Tonnen

Jahr 1900	1901	1902	1903	1904	1905
44 089 197	41 877 081	43 159 046	44 950 057	46 255 547	47 477 000

[2]) Das Jahr 1900 war das bekannte Jahr der „coal famine“, die die Folge einer außergewöhnlichen Nachfrage nach Schiffskohle, vor allem infolge des Transvaalkrieges, war. Vgl. Thomas im Journal Royal Statistical Society, Sept. 1903, S. 484; ebenda S. 528.

[3]) Vgl. Foreign Commerce and Navigation. Washington 1903. Vol. II. 83/84.

[4]) Vgl. Stahl und Eisen, 15. Oktober 1904. S. 1210.

der Kohlenausfuhr von 1904 auf 1905 ist wiederum auf die außergewöhnlichen Verhältnisse in Deutschland zurückzuführen, welche — vor allem wohl im Zusammenhang mit dem Streik im Ruhrrevier — bewirkten, daß Deutschland die Einfuhr von Steinkohlen aus Großbritannien um die exorbitante Ziffer von 1 600 000 t steigerte.

Läßt so die allgemeine Steigerung des englischen Kohlenexports, bei den verschiedentlich abnormen Absatzverhältnissen der letzten Jahre, keine Schlüsse auf die Wirkungen des Ausfuhrzolls zu, so muß anderseits betont werden, daß eine namhafte Steigerung der englischen Kohlenausfuhr auch beim Bestehen von Ausfuhrzöllen durchaus denkbar ist. In den sogenannten unbestrittenen Gebieten,[1]) — wo englische Kohle Hahn im Korbe ist — also in Brasilien, Argentinien, Uruguay, West-Afrika, der Mittelmeerküste und anderen Gebieten — kann eine Preiserhöhung stattfinden und der Zoll auf den Exporteur abgewälzt werden. Daß dies der Fall gewesen ist, dürfte man aus dem Umstand schließen, daß seit der Einführung des Ausfuhrzolls englische Schiffe, anstatt die Kohle für die Heimreise im Ausland einzukaufen, sich bereits im englischen Hafen mit Bunkerkohle für die Rückfahrt versorgten.[2]) Allein es besteht heute für englische Kohle vor allem die Gefahr, daß sie in vielen Gebieten ihr bisheriges Monopol mehr und mehr einbüßt, daß die Zahl der bestrittenen Gebiete zunimmt. Teils geschieht dies, indem zunächst die bisher importierenden Länder in steigendem Maße selbst ihren Bedarf decken, teils hat die englische Kohle mehr und mehr den Konkurrenzkampf mit Exportkohle anderer Länder zu spüren, insbesondere mit deutscher, in ferneren Gebieten mit nordamerikanischer, indischer und japanischer Exportkohle. Wie der bekannte Parlamentarier D. A. Thomas in einem Vortrage vor der Statistischen Gesellschaft in London zeigte, hat die Steigerung der Kohlenpreise in England im Jahre 1900 keine entsprechende Steigerung der Preise von japanischer, indischer, australischer, und amerikanischer Kohle auf den entfernten und bestrittenen Märkten hervorgerufen. Die Wirkung der hohen Kohlenpreise in England, sowie der erhöhten Frachten war vielmehr eine Steigerung der Konkurrenz jener Kohlen der englischen gegenüber, vor allem der indischen Kohlen in Ceylon, Aden, Singapore und Mauritius. Deshalb konnte Thomas mit Recht in seinem Schlußworte darauf verweisen,[3]) daß auf den bestrittenen Märkten der Kohleneinfuhrzoll „wie eine Prämie wirke, die den ausländischen Produzenten gewährt würde". Was die bestrittenen Gebiete Europas anlangt, so hat die englische

[1]) Vgl. die ausgezeichnete Darstellung bei Thomas a. a. O. S. 491 ff.
[2]) Vgl. Glückauf, 1904, No. 36. Aufsatz von Dr. Jüngst.
[3]) Vgl. Thomas a. a. O. S. 493, 495, 497 und 531.

Kohlenausfuhr in dem letzten Jahrzehnt mit immer wachsender Konkurrenz zu kämpfen gehabt, und der Ausfuhrzoll von 1901 konnte hier entschieden nur bewirken, daß die erhöhten Bezugskosten englischer Kohle deren bisheriges Absatzgebiet zugunsten anderer Länder beschränkten. Vergleichen wir z. B. den Anteil, den England ein Jahr vor und ein Jahr nach der Einsetzung des Ausfuhrzolls an der Kohlenversorgung Belgiens hatte. Hier konkurriert nordenglische und schottische Kohle vor allem mit deutscher Kohle. Es betrug nun[1]) der Anteil, den die einzelnen Versorgungsgebiete an der gesamten Versorgung Belgiens mit Kohle hatten in Prozent:

Jahr	Heimische Produktion	Britische Einfuhr	Uebrige Einfuhr
1900	82.11	6.04	11.85
1902	82.25	3.18	14.57

Die deutsche Einfuhr von Steinkohle nach den Niederlanden und Belgien hat sich von 5 100 000 t im Jahre 1900 auf 6 675 000 t im Jahre 1902 gesteigert und im Jahre 1904 betrug sie sogar 7 751 000 t.[2]) Vergleicht man die Jahre 1897 und 1904, so ergibt sich,[3]) daß Englands Kohlenausfuhr nach Holland und Belgien in jener Zeit um 21 resp. 71 %, die unsrige dagegen um 44 resp. 151 % gestiegen ist! Auch an den französischen Küstengebieten, die bisher unbestrittenes Gebiet Englands waren, macht sich jetzt die deutsche Kohlenausfuhr bemerkbar.[4]) Daß an dieser Entwicklung die Verteuerung der englischen Kohle durch den Ausfuhrzoll einen lebhaften Anteil gehabt hat, ist ohne Zweifel eine Tatsache, die übrigens von deutschen Interessenten bei Einführung des Zolls in England vorausgesagt wurde.[5])

Die bei Einführung des englischen Kohlenausfuhrzolls von dessen Befürwortern vertretene Ansicht, daß das Ausland den Zoll tragen werde, ist also in dem Maße unrichtig, wie die frühere Weltstellung Englands im Kohlenexport mehr und mehr schwindet und die bestrittenen Absatzgebiete sich mehren. Jede relative, d. h. im Gegensatz zu anderen Ländern stattfindende Erhöhung des englischen Ausfuhrpreises bedeutete hier steigende Konkurrenz. Daher war es hier dem englischen Exporteur unmöglich, den Exportzoll auf den ausländischen Kunden überzuwälzen. Er mußte ihn ganz oder teilweise selbst tragen, was natürlich wiederum nicht dazu beitrug, die englische Kohlenausfuhr nach besonders bestrittenen Gebieten zu ermuntern, sondern bewirkte, daß vielfach eine steigende Quote der Bedarfsdeckung jener Gebiete andern

[1]) Vgl. Jüngst a. a. O.

[2]) Vgl. Statistisches Jahrbuch f. d. Deutsche Reich, 1903, S. 154; 1906, S. 158.

[3]) Vgl. Uhde. Die Produktionsbedingungen des deutschen und englischen Steinkohlenbergbaus. Jena 1907. S. 21.

[4]) Vgl. Jüngst a. a. O. 1177 ff.

[5]) Vgl. Stahl und Eisen, 1. Mai 1901, S. 481.

Ländern zufiel.[1]) Jene Tendenz würde aber in den Gesamtexportziffern deutlich zutage treten, wenn nicht die genannten außergewöhnlichen Umstände die Wirkung des englischen Exportzolls auf Kohle in den Jahren 1901 bis 1905 verschleierten. Jedenfalls hat es sich gerade an den geschilderten Vorgängen in bestrittenen Gebieten deutlich gezeigt, daß in normalen Zeiten der Ausfuhrzoll nur eine Verlangsamung der englischen Kohlenausfuhr bedeuten kann. Die Ansichten über die Zweckmäßigkeit einer solchen Verlangsamung haben sich aber in England augenscheinlich gewandelt, nachdem die Königliche Kohlenkommission festgestellt hat, daß von einer Erschöpfung der englischen Kohlenlager selbst bei genügender Berücksichtigung einer jährlich steigenden Förderung erst in 400 Jahren die Rede sein könne und eine künstliche Einschränkung daher nicht nötig sei.[2]) Weiter aber ist für England eine so rasche Steigerung des Kohlenexports, wie in den letzten 20 Jahren nicht wahrscheinlich, im Gegenteil, im Durchschnitt der Jahrzehnte eine relativ abnehmende Steigerungsquote zu erwarten, in dem Maße, wie der Kohlenexport anderer Länder starke Fortschritte macht, und einzelne Länder teils ohne künstliche Mittel, teils, wie Rußland, durch Einsetzung enormer Einfuhrzölle ihren Bedarf mehr und mehr selbst decken. Aus all diesen Gründen hat man in England von einer Maßnahme wieder Abstand genommen, die weit davon entfernt ist, nur fiskalisch zu wirken, sondern die wichtigsten Exportinteressen behindert, ohne daß hierfür eine genügende volkswirtschaftliche Berechtigung vorhanden wäre.

Wir haben bisher zwei Arten moderner Ausfuhrzölle kennen gelernt: solche, die rein fiskalisch wirken und solche, die zwar fiskalischen Zwecken in erster Linie dienen sollen, aber handelspolitische Wirkungen zeitigen, die in der Regel weder erwünscht noch beabsichtigt sind. Eine dritte Gruppe von Ausfuhrzöllen der heutigen Zeit bilden diejenigen, welche in erster Linie als handels- oder wirtschaftspolitisch gedacht werden, deren primäre Bestimmung eine wirtschaftspolitische ist. Dazu gehört die überwiegende Zahl der noch in europäischen Staaten bestehenden Ausfuhrzölle.

---

[1]) Ein englisches Fachblatt, „The Coal Merchant and Shipper", schreibt am 3. November 1906 S. 552: „Deutsche Kohle hat ihren Weg in größeren Quantitäten zu vielen Konsumenten gefunden, die früher (vor Einführung des coal duty) hauptsächlich oder gänzlich sich von hier versorgten. Nach Frankreich und einigen anderen Plätzen nahmen unsere Versendungen tatsächlich zugunsten der deutschen Grubenbesitzer ab." Gemeint ist wohl die französische Küste, Holland und Belgien.

[2]) Vgl. Stahl und Eisen, 1905, XI. S. 249; auch die interessanten Zahlen des Mr. Price Williams. Journal R. Statistical Society 1903. S. 527.

Zunächst finden wir noch in den verschiedensten Ländern Zölle auf die Ausfuhr von Abfällen, welche eine Begünstigung der diese Abfälle verarbeitenden Industrien herbeiführen sollen. So seien hier genannt: der Ausfuhrzoll auf Lumpen in Italien, Griechenland, Rußland, der Schweiz, Oesterreich und Spanien; der Ausfuhrzoll auf Lederabfälle in Rumänien, auf Kautschukabfälle in Rußland, der Ausfuhrzoll auf Felle, Häute, Knochen und altes Eisen in der Schweiz, der Ausfuhrzoll auf Seidenabfälle in Italien und andere mehr. Diese Ausfuhrzölle treten aber naturgemäß an Bedeutung hinter denjenigen zurück, welche nicht auf bloßen Abfällen und dem Handel mit denselben lasten, als vielmehr auf Rohstoffen, welche planmäßig produziert werden, und deren Erzeugung durch die Gunst der Absatzverhältnisse bestimmt wird. Während die Ausfuhrzölle auf Abfälle die Produktion derselben, die ja nicht um ihrer selbst willen da ist, unbeeinflußt lassen und nur die Richtung ihres Handels ändern, können Ausfuhrzölle auf eigentliche, d. h. zum Zwecke der Weiterverarbeitung hergestellte Rohstoffe oder Halbfabrikate die Produktionsverhältnisse derselben äußerst intensiv berühren. Im übrigen ist ja die Bedeutung der A b f ä l l e f ü r d i e F e r t i g i n d u s t r i e auch im allgemeinen unvergleichlich geringer als die der eigentlichen Rohstoffe, und dies gilt besonders heute, wo die Verwertung der Lumpen bei der Papierfabrikation stark in den Hintergrund tritt. Daß ein Ausfuhrzoll auf Abfälle oder Nebenprodukte die Konkurrenzfähigkeit der ausländischen Fertigindustrie zugunsten der heimischen e r h e b l i c h mindere, ist kaum möglich. Eine Ausnahme besteht freilich da, wo es sich, wie z. B. bei den schweizerischen Bullenhäuten, um Ware besonderer Qualität handelt, die das Ausland beziehen muß, und bei denen ein Ausfuhrzoll eine gewisse Erhöhung der Produktionskosten für die ausländische Fertigindustrie bedeuten kann.[1]) Allein dies ist ein vereinzelter Fall. Da im allgemeinen bei jenen Zöllen auf Abfälle und Nebenprodukte der Handel den Zoll tragen wird, so fragt es sich, ob dessen Schädigung durch die den Verarbeitern gewährte Vergünstigung ausgeglichen wird, eine Frage, die prinzipiell nicht zu entscheiden ist.

Jedoch eine weit größere Bedeutung können Ausfuhrzölle haben, die auf Rohstoffe gelegt werden, die der industriellen Weiterverarbeitung dienen. Solche mit Ausfuhrzöllen belasteten Rohstoffe sind heute in erster Linie Erze und Holz. Die Beurteilung dieser Ausfuhrzölle ist entsprechend den verschiedenen, in den einzelnen Ländern herrschenden Verhältnissen nicht leicht. Von den wenigen Ausfuhrzöllen dieser Art, die in europäischen Staaten erhoben werden, verdient in erster Linie der spanische Eisenerzzoll Beachtung. Spanien nimmt in der Eisenerzproduktion

---

[1]) Vgl. Gothein. Außenhandel. Berlin 1900. S. 543.

eine Weltstellung ein.[1]) Deutschland, das im Jahre 1903 der zweitgrößte Eisenerzproduzent der Welt war, überragte in jenem Jahre Spanien nur um das ca. Zweieinhalbfache in der Erzförderung, wobei noch zu bedenken ist, daß der Gehalt der spanischen Erze zwei- bis zweieinhalbmal so hoch ist wie der der deutschen. Dagegen aber produzierte Deutschand sechsunddreißigmal soviel Roheisen wie Spanien. Es ist begreiflich, daß man in Spanien mehr und mehr den heimischen Eisenerzbau anstatt dem Export der eignen Weiterverarbeitung dienstbar machen will. Allein Spanien, das in jenen ausgezeichneten, phosphorfreien Erzen exzelliert, besitzt keine Kohlen. Die zweitwichtigste Voraussetzung zur Heranbildung einer großen Eisenindustrie fehlt also. Deshalb schreitet die Roheisenproduktion trotz der Ausfuhrzölle auf Eisenerz nur weit langsamer vor, als die Eisenerzförderung. Es betrug in Spanien in 1000 engl. Tonnen:

	1901	1902	1903	1904	1905
Die Eisenerzförderung . .	7906	8478	8304	7964	9395
Die Roheisenerzeugung .	296	380	302	386	383

Wenn also eine Beeinträchtigung des Exportinteresses durch die Ausfuhrzölle stattfindet, so würde durch die bisherige Entwicklung der weiterverarbeitenden Eisenindustrie Spaniens eine solche Beeinträchtigung sich nicht rechtfertigen können. Nun hat zwar spanisches Erz in verschiedenen großen Absatzmärkten, vor allem in England und Holland, eine ziemlich gefestigte Position und infolge seiner, für den Bessemerprozeß so ausgezeichneten Beschaffenheit relativ wenig Konkurrenz zu fürchten. Dennoch besitzt spanisches Erz keineswegs eine Monopolstellung. Eine Maßnahme also, die die Konkurrenz- und Absatzfähigkeit spanischer Erze auf dem Weltmarkte erschwert, kann bei der geringen Entwicklung der heimischen Roheisenindustrie nur als unvorteilhaft angesehen werden.

Die Einführung eines gleichen Zolles in Schweden, für die dort lebhafte Stimmung besteht, wäre wohl ähnlich zu beurteilen. Auch Schweden ist mit einer Eisenerzerzeugung von ca. 4 Mill. metrischen Tonnen und einer Roheisenproduktion von nur ca. 500 000 t in ähnlicher Lage wie Spanien. Nicht „die Verschleuderung der Rohstoffe ans Ausland“ ist es aber, welche in Schweden eine Weiterverarbeitung der reichen Erzbestände nur langsam fortschreiten läßt. Hieran ist vielmehr vor allem der Kohlenmangel schuld. Ferner erschweren vielfach (Südschweden) die hohen Kosten des Transportes zu den Orten der Verhüttung die Rentabilität der eigenen Weiterverarbeitung von

[1]) Diese Zahlen sind entnommen den Berichten der amerikanischen Iron and Steel Association. Philadelphia 1902—1906.

Eisenerzen.[1]) Ein Ausfuhrzoll würde hier eine Erschwerung der Konkurrenzfähigkeit schwedischer Erze bedeuten, die sich vielfach ihren steigenden Absatz im Kampf mit anderen Erzen haben erobern müssen, während ein Vorteil für die Weiterverarbeiter nicht vorhanden ist, solange die genannten Hindernisse für die Ausbreitung einer großen Roheisenindustrie vorhanden sind.[2])

Erwähnenswert sind als Ausfuhrzölle mit in erster Linie wirtschafts- oder handelspolitischen Zwecken noch diejenigen auf Holz. So erhebt Norwegen einen Ausfuhrzoll auf Bau- und Werkholz, Schweden seit dem 1. Januar 1905 einen solchen auf Nutzholz und Holzstoff, Rumänien seit 1905 einen Zoll auf exportiertes Roheichenholz, und in Oesterreich und Rußland wird die Einführung desselben erwogen. Das Argument, daß ein Land seine Rohstoffschätze möglichst im Inlande verarbeiten oder sie zumindest für eine vielleicht zukünftige, starke Bedarfssteigerung des Inlands aufsparen solle, nimmt beim Holz etwas andere Gestalt an als beim Eisenerz. Der Holzreichtum eines Landes unterscheidet sich von dessen Reichtum an Erzen dadurch, daß jede momentane Verminderung des vorhandenen Bestandes durch eine angemessene Bewirtschaftungsweise wieder für kommende Zeiten ergänzt werden kann. Fehlt jedoch diese, so wird die für den Stand des Nationalreichtums so wichtige Fortpflanzung der forstlichen Produktivität unterbunden. Wo nun Holz im Ueberfluß vorhanden ist, pflegt Raubbau Platz zu greifen. So stammt das in Rußland gewonnene Holz zum größten Teil nicht aus rationellem Forstbetrieb, sondern aus vollständigen Abholzungen von Wäldern. Wenn auch die Waldbestände Rußlands unermeßlich sind, so ist doch derjenige Bestand, welcher heute und für die nächste Zukunft für den Transport günstig gelegen ist, begrenzt und der dort betriebene Raubbau für Rußland nicht erfreulich.[3]) Es ist daher die Stimmung, den Export durch Ausfuhrzölle zu hemmen, begreiflich. Ob aber durch eine Verschlechterung der Exportrentabilität eine rationelle Forstwirtschaft eingeführt werden würde, erscheint mehr als fraglich. Es ist viel eher anzunehmen, daß zunächst lediglich eine Verringerung der Abholzungen stattfinden, daß aber bei den unausbleiblichen Verkehrsverbilligungen trotz der Ausfuhrzölle die Abholzungen immer weiter um sich greifen würden. Es würde dann der Ausfuhrzoll den Raubbau nicht beseitigen, sondern nur für eine gewisse Zeit verlangsamen, bis die Transportverbilligungen die Abholzungen auch in den Gebieten rentabel machen würden, in welchen sie heute, wenn ein Ausfuhrzoll bestände, noch nicht rentabel wären.

[1]) Vgl. Stahl und Eisen, 1905, XI. S. 664.

[2]) Auch Rußland erhebt Ausfuhrzölle auf Eisenerz, deren Wirkungen schwer nachzuprüfen sind, die jedoch keinen wesentlichen Einfluß auf die dortige Eisenindustrie zu haben scheinen.

[3]) Vgl. E. Zweig. Die russische Handelspolitik. Leipzig 1906. S. 67.

Die Ausfuhrzölle, welche Kanada auf Holz erhebt, sind teils entstanden, um die kanadische Holzstoffindustrie zu begünstigen, teils als Retorsionsmaßregel gegen die amerikanische Union, welche im Dingleytarif die Einfuhrzölle auf Holzstoff und bearbeitetes Holz stark erhöht hat. In der Provinz Ontario wurde der Holzexport aus Kronländereien überhaupt verboten. In der Provinz Quebec wurde eine Steuer auf Rohholz (logs) erhoben, welche 1,90 Doll. betrug, von der aber 1,50 Doll. zurückvergütet wurden, wenn dieses im Inlande weiter verarbeitet wurde. Rohes Holz in Blöcken und dergleichen zahlte also hierdurch in praxi einen hohen Ausfuhrzoll. Was war die Folge? Während die Union noch im Jahre 1898 für 2 200 000 Doll. Rohholz aus Quebec, Ontario, Maintoba usw. importiert hatte, war dieser zollfreie Import bis 1903 auf 278 000 Doll. gesunken. Dagegen war der Import des zollbelasteten Holzstoffs (wood pulp) aus jenen Distrikten in demselben Zeitraume von 291 000 Doll. auf 1 535 000 Doll. gestiegen.[1]) Augenscheinlich hatte also Kanada mit dem Ausfuhrzoll auf Rohholz seinen Zweck erreicht. Es hatte die Wirkung des amerikanischen Holzstoffzolles paralysiert. Die amerikanische Union benötigt eben in den östlichen Staaten angesichts der Lichtung der vorhandenen Waldbestände, angesichts der teilweise bestehenden Forstschutzbestimmungen, angesichts des Mangels an bestimmten Holzqualitäten die kanadische Einfuhr. Wenn auch die heimischen Abholzungen (nach der Aussage des Mr. Norris vor der Industrial Commission) seit Einführung des kanadischen Ausfuhrzolls noch intensiver geworden sind.[2]) so haben sie doch nicht das Defizit decken können. Die Ausfuhrerschwerung von Rohholz in Kanada zwingt vielmehr die amerikanische Papierindustrie — vor allem in Zeiten so guter Konjunktur wie 1898—1903 — den Kanadiern das Rohholz nolens volens in verarbeiteter Form abzukaufen. Man erkennt hieran wieder, wie sehr die Wirkung eines Ausfuhrzolles davon abhängt, ob das Exportland eine monopolistische Stellung in einem Ausfuhrartikel besitzt oder nicht. Immerhin hat auch die Geschichte jenes Ausfuhrzolls eine Kehrseite. In den letzten Jahren ist dem kanadischen Holzstoff auf dem amerikanischen Markte in dem deutschen und schwedischen Holzstoff heftige Konkurrenz entstanden.[3]) Ob diese sich hätte entwickeln können, wenn Kanada nicht seine Rohholzausfuhr erschwert hätte, ist

[1]) Vgl. Foreign Commerce. Washington. Vol. II. 1903. S. 273.

[2]) Industrial Commission. Vol. XIII. S. 407 ff.

[3]) Es betrug:

	Gesamteinfuhr Doll.	Davon aus Kanada Doll.	Deutschland Doll.	Schweden-Norwegen Doll.
1898	601 642	291 352	72 167	176 500
1903	3 387 770	1 535 186	611 449	859 257

fraglich. Denn bei den erhöhten amerikanischen Holzstoffzöllen wäre ja, wenn man in der Union nach wie vor das zollfreie Rohholz aus Kanada billig hätte beziehen können, die Einfuhr von Holzstoff weit weniger rentabel gewesen. Der Rückgang der kanadischen Rohholzeinfuhr ist also nicht einzig durch die Mehreinfuhr von kanadischem Holzstoff ersetzt worden. Dies bedeutet, daß die kanadischen Waldbestände infolge der Ausfuhrzölle in geringerem Maße zur Versorgung der amerikanischen Papierindustrie beigetragen haben, als es bei freier Ausfuhr der Fall gewesen wäre, so daß die Ausfuhrzölle vom Interesse des Gesamtexports auch hier nicht allzu günstig beurteilt werden können.

III. Resultate der bisherigen Erfahrungen.

Die Erfahrungen, welche in vergangener und neuerer Zeit mit Ausfuhrzöllen gemacht worden sind, scheinen der Beurteilung derselben als Mittel der modernen Handelspolitik wenig günstig zu sein. Als fiskalische Maßnahmen haben sie in der Geschichte sukzessive an Bedeutung eingebüßt. Sie konnten rein fiskalisch nur da wirken, wo entweder der Exporteur den Zoll auf den fremden Käufer überwälzen konnte oder da, wo beim Export außerordentlich hohe Gewinne erzielt wurden. In beiden Fällen war eine wesentliche Beschränkung des Exports selbst durch Ausfuhrzölle nicht zu befürchten. Allein die Voraussetzung war dann stets, daß sich das Exportland eines gewissen Monopols oder einer monopolistischen Stellung gegenüber den Importeuren erfreute. Wo diese noch vorhanden ist, haben auch heute noch Ausfuhrzölle Bestand, mit Ausnahme von solchen Fällen, wo trotz der monopolistischen Stellung der Exporteure infolge einer starken Ueberproduktion die Gewinne des Exports nicht übermäßig sind.

Die Tendenz der letzten Jahrhunderte ist es jedoch gewesen, das Monopol, welches einzelne Länder an wichtigen Waren besaßen, zu zerstören. Die verschiedensten Momente trugen zu dieser Tendenz bei: die Verbesserung der Verkehrsverhältnisse, die wirtschaftliche Erschließung bisher rückständiger Staaten, das Aufkommen neuer Exportländer, die Beseitigung des kolonialen Handelsmonopols und alle Umstände, welche zur Entstehung des modernen Weltmarktes führten. Auch die sich entwickelnde Eigenproduktion bewirkte im Importlande zuweilen, daß die monopolistische Stellung des Exportlandes erschüttert wurde. Wo aber dieses eintrat, da stand die fiskalische Wirkung des Ausfuhrzolles im Widerspruch zu den Exportinteressen, welche nunmehr durch ihn gefährdet wurden. Daher die Merkantilisten die Ausfuhrzölle auf Fabrikate beseitigten. Daher schafften in der Neuzeit die verschiedensten kolonialen Länder ihre Ausfuhrzölle ab, daher erschien die Aufrechterhaltung des englischen Kohlenausfuhrzolls vom Jahre 1901 als wirtschaftliche Gefahr.

Wo aber die Ausfuhrzölle handels- oder wirtschaftspolitischen Zwecken dienen sollten, da ist in der Regel gerade die Belastung des Exports beabsichtigt gewesen. Es handelte sich dabei um Rohstoffe, deren erschwerte Ausfuhr einen Vorteil für die heimische Weiterfabrikation bilden sollte. Solange ein Land in einem bestimmten Rohmaterial eine monopolistische Stellung besaß, konnte es in der Tat durch diese Ausfuhrpolitik den Export von verarbeiteter Ware gegenüber der unverarbeiteten heben. Auch heute ist dies noch die Wirkung, wie wir hörten, beim Ausfuhrzoll auf Rohholz in Kanada. Allein auch die Bedeutung dieser Ausfuhrzölle ist durch die Erschütterung des Rohmaterialmonopols einzelner Länder seit der Blütezeit des Merkantilismus dahingeschwunden. Da die betreffenden Rohmaterialien Stapelartikel des Weltmarktes wurden, konnte ein einziges Land die ausländische Weiterverarbeitung nicht durch Zurückhalten seiner Rohstoffe schädigen oder den einzelnen Ländern Fabrikate anstatt Materialien aufzwingen. Wohl aber wurden die Ausfuhrzölle nun vielfach zu einer einseitigen Begünstigung der Fertigfabrikation, ohne daß deren Entwicklung für die Beschränkung der Rohstoffausfuhr einen befriedigenden Ersatz geboten hätte. Da wo also im 19. Jahrhundert die Kulturländer weiterhin die Möglichkeit eines steigenden Rohstoffexportes besaßen, beseitigte man die merkantilistischen Ausfuhrzölle und als letzter Rest sind heute nur noch die Ausfuhrzölle auf Abfälle und einzelne Nebenprodukte hier und da bestehen geblieben. Handelspolitische Experimente mit Ausfuhrzöllen im Sinne des Merkantilismus finden sich in Spanien, aber ohne Erfolg. Zur Verhinderung einer die Zukunft der Nation bedrohenden Ausbeutung der Naturschätze existieren Ausfuhrzölle nur insofern, als dieser Zweck bei der Einführung einiger Ausfuhrzölle mit in die Wagschale fiel.

Die geringe Zahl der Ausfuhrzölle, die wir heute vorfinden, erklärt sich also daraus, daß einmal ihre handelspolitischen Wirkungen als ungünstig erachtet werden, daß zweitens die Möglichkeit einer rein fiskalischen Wirkung angesichts der sich immer stärker entwickelnden Weltwirtschaft mehr und mehr dahinschwindet. Selbst da, wo zunächst eine monopolistische oder monopolähnliche Stellung des Exporthandels gegeben zu sein scheint, ist in der Regel die Wirkung eines Ausfuhrzolles problematischer Art. Ja es besteht gerade die Gefahr, daß die bisherige monopolistische Stellung des Exportlandes durch die Erschwerung der Ausfuhr erschüttert wird, indem nun die Entwicklung anderer Exportgebiete einen Ansporn erfährt oder indem das bisherige Importland eine Eigenproduktion in der betreffenden Ware heranbildet oder auch, indem der Verbrauch von Surrogaten zunimmt, wenn solche vorhanden sind. Gerade die geschilderten Erfahrungen zeigten, wie oft in einzelnen Ländern die Annahme, daß eine gewisse Exportware Monopolcharakter besitze, fehlging und wie sich dann die Wirkungen des Exportzolls ganz anders gestalteten als man gewähnt hatte. Gerade die Gschichte zeigt, wie durch *eine solche falsche Vorausbestimmung der rein fiskalisch gedachte Ausfuhrzoll zu einer handelspolitischen Wirkung führen kann, oder wie anstatt der beabsichtigten handelspolitischen Vorteile schwere Nachteile für die wirtschaftliche Gesamtheit die Folge sein können.*

Die Erfahrungen, welche in früherer und heutiger Zeit mit Ausfuhrzöllen gemacht worden sind, können denjenigen, welcher sie kennt, nicht gerade ermutigen, von neuem die Einführung von Ausfuhrzöllen zu befürworten. Wenn aber doch in Deutschland in letzter Zeit Bestrebungen zur Wiedereinführung von Ausfuhrzöllen entstanden sind, so kann auf Grund jener Erfahrungen verlangt werden, daß die absehbaren Wirkungen einer solchen Maßnahme mit ganz besonderer Genauigkeit und Vorsicht erörtert und ergründet werden. Vor allem aber erscheint es geboten, neben dem fiskalischen Gewinn, welchen Ausfuhrzölle auf gewisse Exportwaren zu bieten scheinen, die handels- und wirtschaftspolitischen Wirkungen, welche dieselben haben können, in genaue Erwägung zu ziehen, ehe man das Risiko eines Experimentes übernimmt, für das die Erfahrungen der vergangenen und neuesten Zeit so wenig Günstiges zu sagen wissen.

2. Abschnitt.

Die Bedeutung von Ausfuhrzöllen für die Wirtschaftspolitik des Deutschen Reiches.

I. Die vorgeschlagenen Ausfuhrzölle im einzelnen.

Der Wunsch nach Einführung von Ausfuhrzöllen ist bei denjenigen, welche sie heute bei uns befürworten, in erster Linie aus wirtschaftspolitischen Motiven hervorgegangen. Die fiskalische Bedeutung, welche eine Neueinführung von Ausfuhrzöllen aufweisen könnte, diente nur als Mittel zum Zweck, sie sollte der Reichsregierung in ihrem Suchen nach Einnahmequellen die geplanten Ausfuhrzölle schmackhafter machen. Das gilt vor allem von dem wichtigsten der geplanten Ausfuhrzölle, dem Kaliausfuhrzoll, von dem die agrarischen Interessenten einen besonderen Vorteil für die Landwirtschaft erwarten und der deshalb sowohl vom deutschen Landwirtschaftsrat wie dem Bund der Landwirte und der Vereinigung deutscher Steuer- und Wirtschaftsreformer stets warm empfohlen wurde. Für die Erhebung von Ausfuhrzöllen auf Lumpen und Lederabfälle bestand in gewissen Kreisen der Papier- und Lederindustrie schon seit längerer Zeit ein lebhafter Wunsch. Künstliche Beschränkungen der Kohlenausfuhr waren in Zeiten hoher Kohlenpreise vor allem im Jahre 1900/01 diskutiert worden und erschienen als Mittel zur Erzielung niedriger Inlandspreise und im Hinblick auf die steigende Macht der Kartelle den Konsumenten vielfach verlockend. All jene Strömungen vereinigten sich endlich in einem Antrage, der von den Konservativen, dem Zentrum, der Reichspartei und der Wirtschaftlichen Vereinigung im Reichstage eingebracht wurde und die Einführung von Ausfuhrzöllen auf Kalirohsalze und Kaliprodukte, Steinkohle, Braunkohle und Koks und verschiedene Abfallwaren (Lumpen, Lederabfälle, Kautschukabfälle) bezweckte. Der Antrag kam am 1. März 1906 in der Steuerkommission des Reichstages zur Verhandlung und wurde mit 14 gegen 10 Stimmen angenommen. Er war zu einer Zeit erschienen, in welcher die fiskalischen Wirkungen der Ausfuhrzölle eine besondere Wertschätzung seitens der Regierung beanspruchen konnten. Allein die Bedenken gegen die Einführung der Ausfuhrzölle waren so groß, daß die preußische, die anhaltinische Regierung, die sächsisch-thüringischen Staaten und die Reichsregierung sich mit Entschiedenheit für die Ablehnung des Antrages aussprachen, und daß der Antrag bei der zweiten Lesung (27. April 1906) in der Steuerkommission abgelehnt wurde.

Damit sind natürlich die Bestrebungen, gewisse Ausfuhrzölle einzuführen, keineswegs aus der Welt geschafft, und die Dringlichkeit einer Untersuchung ihrer mutmaßlichen Wirkungen nicht geringer geworden. Es bedarf vielmehr einer Klärung der Frage für kommende Erörterungen. Hierbei scheint es vor allem nötig, daß man, wie man sich auch zu der Frage vom allgemeinen handelspolitischen Gesichtspunkte aus stellen mag, die Bedeutung der Ausfuhrzölle zunächst im Hinblick auf die besonderen Produkte untersucht, für welche sie in Vorschlag gebracht werden. Haben doch gerade die bisherigen Erfahrungen gezeigt, wie sehr sowohl der Charakter wie die Wirkung eines Ausfuhrzolls von der Art des Produktes, seiner Stellung auf dem Weltmarkt, seinen jeweiligen Preis- und Herstellungsverhältnissen, kurz von Umständen abhängen, die bei den einzelnen Exportwaren ein durchaus individuelles Gepräge aufweisen können.

Es liegt nahe, mit dem Kaliausfuhrzoll, der heute das Zentrum der ganzen Ausfuhrzollfrage bildet, auch hier zu beginnen.

a) Der Ausfuhrzoll auf Kali.

Die meisten Vorschläge zur Einführung eines Ausfuhrzolls auf Kali gehen von der Tatsache aus,[1]) daß Deutschland sich bezüglich dieses Rohstoffes einer eigenartigen, nämlich monopolistischen Stellung in der Weltwirtschaft erfreue. Dieser Ausgangspunkt ist um so gerechtfertigter, als ja bisher überall die beabsichtigte Wirkung der Ausfuhrzölle an das Vorhandensein einer monopolistischen oder monopolähnlichen Stellung geknüpft gewesen ist. Den Befürwortern von Ausfuhrzöllen erscheint nun der natürliche Reichtum und der weltwirtschaftliche Vorrang, welche Deutschland im Kalibergbau besitzt, ein Dreifaches wünschenswert zu machen: erstens, daß man jene Stellung fiskal- oder auch handelspolitisch dem Auslande gegenüber ausnütze. Zweitens, daß man den inländischen Verbrauchern von Kali vor den ausländischen einen Vorteil gewähre. Drittens, daß man die Naturschätze vor rascher Ausbeute bewahre. Allen drei

---

[1]) Vgl. z. B. Paxmann. Die Kaliindustrie. Staßfurt 1899. S. 106 ff.; v. Mayr. Zolltarif und Wissenschaft. München und Berlin 1901. S. 38; vgl. auch die angeführten Argumente bei Heimann. „Die neuere Entwicklung des Kalisyndikats.“ Schmollers Jahrbücher. 1906. S. 234 ff.; vgl. ferner die Argumente im Bericht der sechsten Kommission des Reichstages 1905—1906, Aktenstück No. 388.

Zwecken kann, so heißt es, der Ausfuhrzoll dienen, und er wird von seinen Befürwortern bald in Hinsicht auf diesen, bald in Hinsicht auf jenen Zweck in Vorschlag gebracht. Die Möglichkeit, den Zoll auf den Importeur abzuwälzen, soll dabei seine Wirksamkeit für den Fiskus in Sicherheit stellen. Zugleich soll der Ausfuhrzoll handelspolitisch als „Schutzmittel vor Uebergriffen" anderer Staaten wirken, er soll also zum Mittel der do ut des-Politik werden. Und seine wirtschaftspolitischen Wirkungen! Es soll die einheimischen Produzenten begünstigen, welche Kali weiterverarbeiten. Hierin liegt ein echt merkantilistischer Zug des Vorschlags. Einmal sollen dadurch, daß der Ausfuhrzoll die Preise im Inlande niedriger hält als im Ausland, die landwirtschaftlichen Verbraucher begünstigt werden. Auch sie sind ja in gewissem Sinne „Fertigfabrikanten", für die Kali und Kaliprodukte Rohstoffe sind; durch eine Verteuerung dieser Rohstoffe auf dem Weltmarkt soll die ausländische Agrarkonkurrenz auf dem deutschen Markt erschwert werden. Auf der anderen Seite soll der Ausfuhrzoll den industriellen Weiterverarbeitern von Kali, vor allem der chemischen Industrien, das Rohmaterial verbilligen und ihre Konkurrenzfähigkeit auf dem Weltmarkt erhöhen. Endlich soll der Ausfuhrzoll, wenn er auch keineswegs eine den bisherigen Verhältnissen entsprechende Ausfuhrsteigerung hintanhalten soll, verhindern, daß eine übermäßig rasche Ausbeutung unserer Lager stattfinde, wie sie etwa beim Eintritt eines Schleuderexports einsetzen könnte.

Wir sehen: unsere monopolistische Stellung im Kalibergbau soll nicht nur etwa die fiskalpolitische Wirksamkeit des Ausfuhrzolls sicherstellen, sondern vor allem auch dessen handels- und wirtschaftspolitische Ausnützung ermöglichen. Denn gerade der Umstand, daß das Ausland unser Kali kaufen „müsse", soll ja den Zoll zu einer handelspolitischen Waffe gestalten und die besondere Begünstigung nationaler Produzenten möglich machen. Es ist also die Frage unserer Monopolstellung weit wichtiger, als es einzelne Schriftsteller, z. B. Dr. Stoepel,[1]) hingestellt haben, welche ihr nur eine Bedeutung für die fiskalpolitischen Wirkungen des Ausfuhrzolles beimessen zu müssen glaubten.

Vor allem muß betont werden, daß mit unserer monopolistischen Stellung in der Gewinnung von Kali nicht ganz so sicher zu rechnen ist, wie es die Befürworter des Ausfuhrzolles tun. Es muß zwar zugegeben werden, daß, so wie heutigentags die Produktions- und Absatzverhältnisse liegen, unsere Kaligewinnung in der Provinz Sachsen, in Hannover, Braunschweig, Thüringen und Mecklenburg sich eines Monopols auf dem Weltmarkt er-

[1]) Vgl. Stoepel. Die deutsche Kaliindustrie und das Kalisyndikat. Halle a. S. 1904. S. 221.

freut. Allein es ist fraglich, ob eine Verteuerung des Kali, wie sie die Ueberwälzung des Zolls mit sich bringen würde, nicht unseren bisherigen Absatz verringern würde.

Eine derartige Verringerung ist von den Gegnern des Ausfuhrzollprojektes damit begründet worden, daß eine Erhöhung der Ausfuhrpreise den „Ansporn“ bilden werde, „in anderen Gegenden der Erde auf Kalisalze zu bohren“.[1] Es ist ferner darauf verwiesen worden, daß Deutschland nicht alleiniger bergmännischer Kaliproduzent der Welt ist. Es besteht ein Kalibergwerk in Galizien, ein anderes in Rußland (Nowo-Wieliczka) und auch in Indien wurden Sylvin und Kieserit, in bisher aber nicht bemerkenswerten Mengen, gefördert.[2] Daß durch die Erschließung neuer Kalibergwerke oder durch eine stärkere Ausbeutung der bisherigen außerdeutschen Gewinnungsstätten dem deutschen Produkte bei erhöhten Preisen eine nennenswerte Konkurrenz auf dem Weltmarkt entstehen werde, kann aber wohl angesichts der Verhältnisse, wie sie heute liegen, nicht als wahrscheinlich angesehen werden. Die bisherigen außerdeutschen Gewinnungsstätten sind viel zu unbedeutend, die Jahresförderung des galizischen Werkes entspricht ungefähr der Tagesförderung eines mittleren deutschen Kaliwerkes. Und daß eine etwa 10%ige Preiserhöhung des deutschen Exportkalis der Erschließung bisher unbekannter Kalischätze Vorschub leisten wird, ist kaum anzunehmen. Denn da, wo bei den jetzigen Preisverhältnissen der Abbau nicht gewinnbringend gewesen ist, dürfte eine 10%ige Preissteigerung wenig ändern, sollten sich aber neue billig abzubauende Lager finden, dürften diese auch bei den jetzigen Preisen mit deutschem Kali in Konkurrenz treten.

Es haben deshalb auch die deutschen Kali-Interessenten, welche dem Schutzzoll opponieren, auf jenen Punkt kein besonderes Gewicht gelegt. Wichtiger ist es schon, sich zu vergegenwärtigen, daß bei einer Verteuerung des deutschen Kaliexports die nicht bergmännisch betriebene Gewinnung von Kali zunehmen kann.[3] Daß die Ausbeutung von Seetang und Algen, von Mutterlaugen der Meeressalinen und Rübenzuckermelasse, wie die Kali-Interessenten behaupten, stark zunehmen wird, ist kaum denkbar. Diese drei Möglichkeiten stellen veraltete und nach dem Aufkommen der Kalisalze als unrentabel geltende Produktionsmethoden dar. Die durchschnittliche Gewinnung von Chlorkalium aus Mutterlaugen beträgt in Südfrankreich, dem größten Gebiet dieser Produktion, nur ca. 2000 t im Jahr. Daß diese Produktion durch eine 10%ige Preiserhöhung des deutschen

[1]) Vgl. Gothein a. a. O. S. 705.
[2]) Vgl. Stoepel a. a. O. S. 221 und S. 2 und 3.
[3]) Vgl. Eingabe des Vereins deutscher Kali-Interessenten gegen einen Ausfuhrzoll auf Kalisalze an den deutschen Reichstag. 24. April 1906.

Chlorkaliums, dessen Ausfuhr allein jährlich 150 000 t beträgt, wesentlich konkurrenzfähiger werden wird, ist nicht anzunehmen.

Allein eine gewisse Berechtigung hat die Befürchtung, daß deutsches Kali bei erhöhten Preisen durch nicht bergmännisch gegewonnenes Kali ersetzt werden könne, bezüglich des Absatzes nach den Vereinigten Staaten von Amerika. Dies ist um so bedeutsamer, als die amerikanische Union der wichtigste Abnehmer von deutschem Kali ist. Es betrug im Jahre 1905 in 1000 Mk.:[1]

	Abraumsalze	Chlorkalium	Schwefelsaures Kali
Gesamtausfuhr:	17 475	22 120	8742
Nach den U. S. A. . . .	9 038	12 363	4196

Einmal ist nun erwähnenswert, daß die Gewinnung von Holzaschenkali in der Union noch immer eine Rolle spielt. Im Jahre 1900 wurde für 178 180 Doll. solches Kali in 67 Werken gewonnen.[2] Auch hier ist freilich nicht anzunehmen, daß bei einer Verteuerung des deutschen Kalis diese rückständige Produktionsweise wieder stärker aufleben könnte, vor allem da die Bezugskosten des Holzes immer höher werden. Wo sich aber jene Industrie trotz der Konkurrenz des deutschen Kalis erhalten hat, kann dieses nur durch eine Preiserniedrigung auch jenes Absatzgebiet erobern, während bei einer Preiserhöhung die Position des Holzaschenkalis gestärkt werden würde. Weiter aber kann die Union, vor allem soweit landwirtschaftliche Zwecke in Frage kommen, durch eine Nutzbarmachung von Baumwollabfällen einen gewissen Ersatz für bergmännisch gewonnenes Kali finden. Hier handelt es sich um eine Möglichkeit, welche nicht wie die bisher genannten nur eine Vergangenheit, sondern im Gegenteil auch eine Zukunft hat.[2]

In früherer Zeit wurde der Baumwollsamen in Amerika entweder als unbrauchbarer, ja lästiger Abfall betrachtet oder aber in einzelnen Gegenden der Union als lokales Düngemittel verwandt. In neuerer Zeit hat die einheitliche Verarbeitung des Baumwollsamens zu Baumwollsamenöl einen rapiden Aufschwung genommen und die aus jener Fabrikation gewonnenen Düngepräparate, vor allem das kalihaltige „Baumwollsaatmehl“ (Oelkuchenmehl), gewinnen für die amerikanische Landwirtschaft eine steigende Bedeutung. Im Jahre 1890 waren nach der Angabe des Zensus von einer Gesamternte von 7 742 000 Ballen Baumwolle nur 25% des geernteten Samens zu Oel verarbeitet worden, im Jahre 1900 dagegen 53% von einer Ernte von 9 645 000 Ballen. Daß sich die Produktion der auf diese Weise gewonnenen kalihaltigen Düngemittel bei Verteuerung des deutschen Kalis rascher entwickeln wird, so daß auch der bisher unverarbeitete Baumwollsamen nutzbar gemacht wird, scheint sehr wahrscheinlich.

[1] Entnommen dem Statistischen Jahrbuch 1906.
[2] Vgl. Census 1900. Manufactures. Part. IV. S. 543 ff.

Ebenso könnte denn vielleicht auch ernstlich an die Ausbeutung der kalihaltigen Wollabfälle gedacht werden, die wie der amerikanische Zensus berichtet, einen Wert von 2—3 Mill. Dollar jährlich repräsentieren könnten, wenn sie nicht vergeudet würden.[1])

Immerhin handelt es sich bei all den genannten Mitteln, die den einzelnen Ländern zur Ersetzung des deutschen Kalis bei einer Preissteigerung zu Gebote stehen könnten, um bloße Möglichkeiten, um Möglichkeiten, deren Ausnutzung sehr begrenzt ist und zum Teil nicht bedeutend ins Gewicht fallen könnte. Wenn es auch wichtig ist, in diesem Zusammenhang jene Möglichkeiten nicht aus dem Auge zu lassen, so kann doch die Hauptgefahr erhöhter Kalipreise nicht in dem Erstarken einer Konkurrenz erblickt werden, welche bisher in so geringem Maße das deutsche Kali bedroht hat, und die sich erst langsam und zum Teil nur unter großen Schwierigkeiten stärker entwickeln könnte. Weit größer und weit drohender erscheint dagegen eine andere Gefahr: die Möglichkeit einer Bedarfseinschränkung. Selbst zugegeben, daß sich deutsches Kali im Auslande einer monopolistischen Stellung bis zu einem gewissen Grade erfreut: die Ausnützung des absoluten Monopols selbst findet eine Grenze an der Elastizität der Konsumtion, und schon manches Kartell, mancher Trust hat die Erfahrung gemacht, daß eine Erhöhung des Preises von den Konsumenten mit einer empfindlichen Einschränkung des Bedarfs beantwortet wurde.[2]) Hier handelt es sich um eine Gefährdung unseres Kaliexportes, welcher besonders denjenigen Anhängern des Kaliausfuhrzolls Bedenken bringen sollte, welche, wie der Abgeordnete Vorster, Wert darauf legen, daß der Absatz nach dem Ausland sich nicht verringere. Kali und Kaliprodukte haben sich vielfach ihren heutigen Absatz und Absatzmarkt erst erobern müssen. Eine wohlgeleitete Propagandatätigkeit ist hierzu nötig gewesen und noch nötig.[3]) Eine Preiserhöhung würde das Gegenteil bedeuten. Sie würde das oftmals infolge selbstverschuldeter Enttäuschung herrschende Mißtrauen gegen Kalidüngemittel noch verstärken. Sie würde ein Vordringen des Kalis in Gegenden, welche ihm bisher infolge der hohen Transportkosten verschlossen waren, erschweren; sie würde in Gebieten, wie in Nordamerika, wo der Landwirt seine Düngemittel noch vielfach in Form von Holz- und anderer Asche auf dem Gute selbst herstellt,[4]) die Eroberung neuen Absatzes stark verlangsamen.

Es muß dies um so mehr der Fall sein, als gerade in dem

---

[1]) Vgl. Census 1900. Part. IV. Manufactures S. 738.

[2]) Vgl. Beispiele bei Hermann Levy. Die Stahlindustrie der Vereinigten Staaten von Amerika. Leipzig 1905. S. 339.

[3]) Vgl. Stoepel a. a. O. S. 43—44.

[4]) Vgl. Census von 1900. Agriculture I. CXXXVIII.

Gebiete, das den Hauptabnehmer deutschen Kalis im Auslande darstellt, der Preis desselben bereits sehr hoch ist. So gehören die Vereinigten Staaten nach den Berechnungen von Dr. P. Krische zu denjenigen Ländern, in denen das Kali am teuersten ist.[1]) Es würde also eine Verteuerung des exportierten Kalis gerade auf diesem wichtigsten Absatzgebiete am ehesten zu einer Absatzbeschränkung führen oder zumindest eine der bisherigen Progression entsprechende Exportsteigerung unterbinden. Dies aber vor allem, wenn einmal wieder in den Vereinigten Staaten eine Zeit sinkender Wirtschaftskonjunktur eintritt. Man muß sich stets bewußt bleiben, daß die sehr beträchtliche Steigerung unserer Kaliausfuhr nach der Union, wie sie seit dem Ende der neunziger Jahre und dann besonders nach 1903 stattgefunden hat, vor allem auf die ungewöhnliche Hochkonjunktur in Nordamerika zurückzuführen ist. Wie eine solche Hochkonjunktur die amerikanische Eigenproduktion zu einer sprunghaften Ausdehnung treibt, so nimmt auch in solchen Zeiten die Einfuhr derjenigen Waren, die die Union importieren muß, sprunghaft zu. Nachdem die Einfuhr von deutschen Kalirohsalzen in den Jahren 1895—1897 geradezu stagniert hatte, schnellte sie bei dem nun einsetzenden Aufschwung in die Höhe.[2]) Es wäre aber gänzlich verkehrt, den nordamerikanischen Absatz der Hochkonjunktur mit dem Durchschnittsabsatz dorthin zu identifizieren. Schon die vorübergehende Unterbrechung der amerikanischen Hochkonjunktur im Jahre 1903/04 hat gezeigt, wie der Absatz des Kalis beim Eintritt einer amerikanischen Krisis zurückschnellt.[3]) Darum dürfte, sobald einmal wieder — und wie lange wird dies noch dauern? — eine längere Krisis in der Union eintritt, eine künstliche Verteuerung unseres Exportes den in solchen Zeiten schon an sich zurückgehenden Kalikonsum der Union noch verringern, und zwar sowohl den der amerikanischen Landwirtschaft wie den der dortigen chemischen Industrie.

Obschon wir also in Kali ein natürliches Monopol auf dem Weltmarkt besitzen, ergibt sich aus dem Dargelegten, daß eine künstliche Verteuerung desselben unsere Exportinteressen schädigen würde. Nicht die Konkurrenz ist es, die wir in erster Linie zu fürchten hätten, sondern den Rückgang des Bedarfs oder eine den bisherigen Verhältnissen

---

[1]) Vgl. Kali (Zeitschrift, herausgegeb. v. Dr. Loewe), 1907. S. 10.

[2]) Vgl. Analysis of the foreign Commerce. Washington 1906. S. 17: Es betrug die Einfuhr aus Deutschland in 1000 Doll.:

	1895	1896	1897	1898	1899	1900	1905
Chlorkalium	1352	1373	1395	1770	1496	1768	3208
Düngemittel	741	702	793	1077	1119	1217	2867

[3]) Nach dem Statistical abstract 1906, S. 278 ging die Einfuhr von Chlorkalium vom Jahre 1903 bis 1904 von 2 624 000 auf 2 407 000 Dollar herab und stieg dann wieder im Jahre 1905 (Aufschwungsjahr) auf 3 239 000 Doll.

nicht entsprechende Steigerung desselben. Würde das Kalisyndikat seinen Exportpreis um den Betrag des Zolls erhöhen, so würde es — vor allem beim Nachlassen der Hochkonjunktur auf dem Weltmarkte — seinen Abstaz schädigen. Wenn es dies verhindern wollte, müßte es den Ausfuhrzoll als eine Belastung des bisherigen Exportüberschusses betrachten und die Preise nicht um dessen Betrag erhöhen.[1]) In jedem Falle also wäre die Ueberwälzung des Ausfuhrzolles auf die ausländischen Konsumenten nicht ohne eine Schädigung unserer Exportinteressenten durchzuführen.

Stünde diesem Umstande darin ein Aequivalent gegenüber, daß unsere agrarischen Interessenten durch den Kaliausfuhrzoll einen Vorteil genössen? Zunächst ist zu sagen, daß so wie die Preisverhältnisse heute liegen, unsere landwirtschaftlichen Kreise ihren Bedarf an Kali zu weit geringeren Kosten decken können als das Ausland. Es ist eine bekannte Tatsache, daß schon seit längerer Zeit die Kaliexportpreise höher bemessen werden als die Preise, die der inländische Konsument zu bezahlen hat.[2]) Man braucht aus diesem Zustande, der nicht gerade typisch für große Exportindustrien ist, keine nationale Opferwilligkeit des Syndikats zu interpretieren.

Es kommt vielmehr in Betracht, daß der preußische Fiskus seine Stellung im Kalisyndikat stets dazu benutzt hat, der deutschen Landwirtschaft die Düngemittel zu verbilligen. Diese kann also über die Preispolitik des Syndikats nicht klagen. Auch sollte nicht vergessen werden, daß die deutsche Landwirtschaft gegenüber anderen, vor allem den ausländischen Abnehmern, ganz besondere Vorzüge im Bezuge von Kali genießt: so durch die besonderen Rabatte (Vermittlungsgebühr, Propagandazuschuß), welche die deutsche Landwirtschaftsgesellschaft und andere landwirtschaftliche Vereine erhalten, durch die den landwirtschaftlichen Vereinen konzedierte, den Händlern vorenthaltene Erlaubnis, sich zur Erreichung einer höheren Rabattstufe zusammenzuschließen, so ferner durch die staffelmäßigen Preisnachlässe des Syndikats auf weite Entfernungen innerhalb des Deutschen Reiches, durch die Einführung des staatlichen Notstandstarifs für den Transport künstlicher Düngemittel, durch die oftmals gewährte unentgeltliche Ueberlassung von Düngesalzen zu Versuchszwecken usw.

Will man sich angesichts dieser Tatsachen aber noch nicht

---

[1]) Wohlgemerkt ist hier nur von einer Erhöhung des Preises um den Betrag des Ausfuhrzolls die Rede. Diese ist zu unterscheiden von einer sonstigen durch die Konjunkturverhältnisse gegebenen Preiserhöhung, die den Absatz nicht ungünstig zu beeinflussen braucht.

[2]) Vgl. Gothein a. a. O. S. 705; Stoepel a. a. O. S. 59 und passim; ebenso vgl. Paxmann. Handbuch der Wirtschaftskunde. 1904. S. 179; Heimann a. a. O. 224; auch Morgenroth, Die Exportpolitik der Kartelle. Leipzig 1907. S. 42.

zufriedengeben und immer weitere Sonderbegünstigungen der deutschen Landwirte gegenüber den ausländischen Kaliverbrauchern verlangen, so fragt es sich, ob ein Ausfuhrzoll denn überhaupt dazu das richtige Mittel ist. Bedeutet die Verteuerung des Kalis, die ein Ausfuhrzoll im Auslande herbeiführt, denn wirklich eine geringere Konkurrenzfähigkeit des Auslandes gegenüber unseren Getreideproduzenten? Wenn man in agrarischen Kreisen diese Wirkung des Ausfuhrzolls speziell für die Vereinigten Staaten von Amerika erwartet, die ja in erster Linie hierbei in Frage kommen,[1]) so ist wohl keine Erwartung ungerechtfertigter als diese. Der Zensus des Jahres 1900 hat eingehende Untersuchungen des Düngemittelkonsums und seiner geographischen Verteilung in der Union angestellt; es ergab sich folgendes Resultat: im ganzen wurden die Aufwendungen auf 54 700 000 Dollars berechnet. Von dieser hohen Summe fallen jedoch gerade auf die eigentlichen Getreidedistrikte der Union ganz geringe Anteile. Der größte Weizenstaat der Union, Minnesota, der mit 14,5 % an der Ernte von 1899 beteiligt war und der bedeutendste Exportdistrikt ist, verbrauchte nur für ca. 250 000 Dollars, die ganzen westlichen Staaten zusammen, die 13,7 % der Gesamtweizenernte lieferten, nur für ca. 1 000 000 Doll. künstliche Düngemittel. Dagegen wiesen die südatlantischen Staaten, die nur 4,9 % der gesamten Weizenernte lieferten, einen Verbrauch von Düngemitteln im Werte von 22 700 000 Doll. auf, also 50 % des gesamten Düngemittelverbrauchs. Ebenso verbrauchten die nordatlantischen (die östlichen) Staaten für 15 000 000 Doll. Düngemittel, sie waren aber nur mit 5 % an der Weizenernte beteiligt und nicht imstande, ihren Eigenbedarf an Getreide zu decken, geschweige denn zu exportieren.[2])

---

[1]) Wie schon erwähnt, ist die amerikanische Union unser stärkster Abnehmer in Kalisalzen und Chlorkalium. Neben ihm kommen für beide Produkte nur intensiv bewirtschaftete Länder, die keine oder keine erhebliche Agrarkonkurrenz bedeuten: so Holland, Belgien, Frankreich, England und Schweden, in Frage.

[2]) Es betrug im Jahre 1899:

	Verbrauch an künstlichen Düngemitteln Doll.	prozentualer Anteil an der Gesamt-Produktion von Weizen	Zerealien überhaupt	Baumwolle
Nord-Atlantische Staaten .	**15 600 000**	**5**	5.2	—
Süd-Atlantische Staaten .	**22 700 000**	**4.9**	4.9	38.8
Nord-Zentralstaaten . . .	7 200 000	67.0	73.3	0.3
Süd-Zentralstaaten	6 700 000	9.4	13.0	71.4
Westliche Staaten	**1 000 000**	**13.7**	3.6	—

Diese Zahlen sind entnommen dem Census von 1900, Agriculture I und II. Es ist zu bemerken: Die Zahlen für die Nord-Zentralstaaten würden noch mehr für das oben angeführte Resultat sprechen, wenn man die einzelnen Staaten besonders betrachtete; so liefern z. B. die Staaten Minesota und die beiden Dakota 30 % der Gesamtweizenproduktion, dagegen war ihr Düngerverbrauch minimal (275 000 Doll.!). Die Gruppe Zerealien umfaßt sieben der wichtigsten Zerealien der Union.

Nicht die jungfräulichen Getreideböden der Union sind also bisher die wesentlichen Verbraucher der künstlichen Düngemittel gewesen. Es sind dies vielmehr einmal die intensiv bewirtschafteten Böden der östlichen (nordatlantischen) Staaten der Union, deren Bewirtschafter die Getreidekonkurrenz des amerikanischen Nordwestens ebenso schwer empfinden wie der westeuropäische Landwirt, und die nun zu Meliorationen schreiten, um die Rentabilität ihrer Güter, besonders auch für nicht zerealische Produktionen zu heben.[1]) Zweitens sind die Haupt-Düngerverbraucher die südlichen Staaten, deren Hauptprodukte Baumwolle und Tabak bilden. Es würden also durch eine Verteuerung des Exportkali in erster Linie ausländische Landwirte getroffen werden, welche teils überhaupt nicht als Exporteure in Frage kommen, teils solche agrarische Produkte exportieren, die mit den unsrigen gar nicht konkurrieren, wozu außer den genannten noch tropische oder halbtropische Produkte treten. Wenn aber wirklich einmal in den großen Getreidedistrikten der Union mit dem „Raubbausystem" ernstlich gebrochen werden sollte, dann werden dem die deutschen Landwirte durch eine künstliche Verteuerung des Kali keine Schranken in den Weg legen können. Denn nicht das Kali würde in erster Linie jene Umwandlung der westamerikanischen Landwirtschaft hervorrufen, als vielmehr die Einführung eines rationellen Fruchtwechsels, die zweckmäßige Verwertung des Stalldüngers[2]) und die Bewässerung. Diese Verbesserungen würden auch bei einer Verteuerung des Kali eine starke Steigerung der dortigen Roherträge gewährleisten. Auch würde das zur Bewässerung benutzte Flußwasser einen als Pflanzennährstoff wichtigen Schlamm zurücklassen, der — wie z. B. beim Colorado oder Salt River — künstliche Düngemittel zunächst ersetzen würde.[3])

Die Wirkungen, welche sich unsere Landwirte von einem Kaliausfuhrzoll für ihre eigenen Interessen erwarten, sind also auf eine ganz imaginäre Grundlage aufgebaut. Die überseeische Getreidekonkurrenz wird heute von unserer Kaliausfuhr kaum berührt, während eine Steigerung jener Konkurrenz weit wesentlicher von anderen Voraussetzungen als der billigen Kalizufuhr abhängt. Demgegenüber fragt es sich, ob ein Ausfuhrzoll nicht insofern gerade unseren Landwirten schaden kann, als das Syndikat daran denken könnte, sich für die ihm unliebsamen Wirkungen desselben am inländischen Verbraucher

---

[1]) Vgl. Hermann Levy. Zur Geschichte der Agrarkrisen. Conrads Jahrbücher. 3. Folge. Bd. XXVIII. S. 471 ff. und Census Agriculture I CXLI. Die Hauptproduktionen des Ostens sind Milch, Butter, Obst, Gemüse, Geflügel für den lokalen Absatz.

[2]) Vgl. „Kali", 1907, S. 30.

[3]) Vgl. Census Agriculture I CXLI.

schadlos zu halten. Diese Möglichkeit ist von den Interessenten selbst in sichere Aussicht gestellt worden. So heißt es in der Denkschrift der deutschen Kali-Interessenten an den Reichstag: „Da die Kali-Industrie, um ein Sinken der Ausfuhr zu vermeiden, zu einer Herabsetzung der Auslandspreise genötigt ist, so wird sie naturgemäß, um sich für den entsprechenden Gewinnausfall zu entschädigen, an eine Erhöhung der Inlandpreise denken." Ob diese möglich wäre, ist freilich eine andere Frage. Es hängt dies nämlich vor allem davon ab, ob das Syndikat weiterhin Bestand hat, und ob es mächtig genug ist, eine Preiserhöhung im Inlande durchzusetzen. Denn bei freier Konkurrenz oder auch nur geschwächter Stellung des Syndikats wäre eine Erhöhung der jetzigen Preise im Inlande kaum denkbar. Nun sind in letzter Zeit die Bedenken bezüglich der Fortexistenz des Syndikats gewachsen. Die Erschließung immer neuer Lagerstätten, die in den letzten Jahren rapide fortgeschritten ist, und die hierdurch entstehenden Konflikte bei der Festsetzung der Beteiligungsquoten, sowie das Bestehen von Outsiders von Bedeutung (Sollstedt!) haben die Befürchtung veranlaßt, daß bei etwaigen Verlängerungsverhandlungen des Syndikates kritischere Situationen zutage treten werden, als sie heute bestehen.

Die Folgen einer Auflösung des Syndikats wären unabsehbar. Es würde — vor allem auf dem Inlandsmarkte — ein beispielsloser, die schwachen Werke ruinierender Wettbewerb stattfinden, und ein einsichtsvoller Schriftsteller hat recht, wenn er meint, daß dieser dann doch in einer Monopolindustrie wie dem Kalibergbau nur ein „neues Syndikat oder Trustgebilde" hervorrufen würde.[1]) Es ist in der Tat kaum anzunehmen, und es wäre mit den bisherigen ökonomischen Erfahrungen unvereinbar, daß in einer Industrie, die sich, wie der deutsche Kalibergbau, einer internationalen Monopolstellung erfreut, die für die Interessenten so aussichtsvolle und gewinnbringende Monopolorganisation nicht schließlich doch wieder Oberhand gewinnen würde. Schon die Abhängigkeit vom ausländischen Absatze würde immer wieder zu neuen Vereinigungen der Kleinen mit den Großen führen, und bei der monopolistischen Stellung des Kalis im Auslande wäre es ja unsinnig von den großen Produzenten, wenn sie sich zugunsten der Konsumenten durch dauernden Wettbewerb ihre Gewinne schmälern wollten. Es kann daher ein dauernder Zusammenbruch des Syndikats, wenn man von der Möglichkeit einer fundamentalen Aenderung der Produktionsverhältnisse absieht, nicht als wahrscheinlich betrachtet werden, zumindest aber ist das Fehlen einer Monopolorganisation nicht als dauernder Zustand in der Kali-Industrie zu erwarten. Verstärkt wird die Aussicht auf

---

[1]) Vgl. Die Verhältnisse im Kalibergbau. Sonderabdruck aus der Frankfurter Zeitung. 1907. S. 18.

ein Fortbestehen des Syndikats durch verschiedene Umstände, welche in Zukunft einer so rapiden Steigerung der Produktion von Kali, wie sie in den letzten Jahren stattgefunden hat, einen Hemmschuh entgegenstellen werden. Dazu gehört erstens die Reform des preußischen Bergrechts, welche mit dem bisherigen System der Bergbaufreiheit zu brechen gedenkt. Wenn an Stelle der temporären Mutungssperre vom Jahre 1905 die dauernde tritt, und eine Reform des Bergrechts im Sinne der angekündigten Berggesetznovelle von 1907 stattfindet, dann wird in Zukunft die Felder- und Werksgründerei eine gemäßigtere werden. Denn es würden ja die Gewinne neuer Unternehmungen durch die erhöhten Kosten, welche die Bergrechtsreform mit sich bringt, geschmälert werden.[1]) Man hat daher mit Recht darauf verwiesen, daß das neue Gesetz in seiner späteren prohibitiven Nebenwirkung einem bestehenden Syndikate die Stellung nur erleichtern könnte.[2]) Ein anderer Umstand, der ebenfalls in der nächsten Zeit eine Kostenerhöhung für die Bergwerke herbeiführen kann, ist die Einführung des Zweischachtzwanges. Auch diese Vorschrift wird, wenn sie durchgesetzt wird, eine abschreckende Wirkung auf alle erst mit den Vorarbeiten beschäftigten Werksgründungen in Preußen ausüben.

Die letztgenannten Umstände, welche vor allem durch eine Reduzierung des Gewinnes neuer Unternehmungen der Ueberproduktion entgegenarbeiten sollen, können nur zu einer Festigung des Syndikats führen. Sie verstärken noch die bereits vorhandenen Voraussetzungen der Monopolorganisation, welche immer wieder, wenn auch das Syndikat zeitweilig zusammenbricht, zu erneutem Zusammenschluß der Interessenten führen müssen. Somit also ist die Annahme durchaus nicht unberechtigt, daß Verluste im Exportgeschäft (oder auch ein lucrum cessans), wie sie der Ausfuhrzoll bringen würde, dazu treiben würden, in der Erhöhung der Inlandspreise einen entsprechenden Ersatz zu suchen. Denn die Fortexistenz des bestehenden Syndikats oder die Neugründung einer anderen, auf dessen Trümmern aufgebauten Monopolorganisation kann nicht in Zweifel gestellt werden.

Durch eine Preiserhöhung im Inlande würde aber nicht nur die deutsche Landwirtschaft, sondern vor allem auch die deutsche Industrie, die Kali verbraucht, schwer betroffen werden. Allein, auch wenn wir von jener Möglichkeit absehen und den

---

[1]) Vgl. Frankfurter Zeitung, 9. 2. 1907 No. 40: „Für neue Bergwerke wird deshalb die Kalkulationsbasis eine von der früheren gänzlich verschiedene sein. Sie werden einmal die Abgaben an den Staat als Erhöhung der Unkosten einzustellen haben, sie werden andererseits mit der Notwendigkeit schnellerer Amortisation der investierten Kapitalien rechnen müssen, wofür bisher die Lebensfähigkeit des Bergwerks als Norm galt, künftig aber nur die Dauer der Betriebserlaubnis zu rechnen sein wird usw."

[2]) Vgl. Verhältnisse im Kali-Bergbau a. a. O. S. 5.

andern Fall ins Auge fassen, daß die Kali-Interessenten den Ausfuhrzoll auf die Ausfuhrpreise draufschlagen, so würde der chemischen Industrie Deutschlands eine erhebliche Gefahr drohen. Wenn wir dem Ausland den Bezug eines so wichtigen Rohmaterials, wie Kali es für die chemische Industrie ist, verteuern, wird dieses eine Erhöhung seiner Fabrikatzölle ins Auge fassen. Das wäre nur begreiflich. Ein höherer Zoll des Auslandes auf unsere chemischen Fabrikate wäre das gegebene Mittel, den Kaliausfuhrzoll in seiner Wirkung auf die chemische Industrie der Importländer zu paralysieren. Die chemische Industrie des Auslandes würde mit der Begründung, daß ihr ein wichtiges Rohmaterial durch den deutschen Ausfuhrzoll verteuert würde, ein vortreffliches Agitationsmoment für höhere Fabrikatzölle haben. Was für unsere chemische Industrie eine solche Zollerhöhung bedeuten würde, braucht kaum gesagt zu werden. Haben doch z. B. unsere Sodaindustrie und unsere Farbstoffindustrie, sowie eine große Reihe anderer chemischer Industriezweige durch die Einfuhrzölle des Auslandes schon jetzt erheblich gelitten.[1]) Wie Einfuhrzölle auf Kaliprodukte wirken können, zeigt folgender Fall: Die amerikanische Union führte im Jahre 1897 einen Zoll auf das bisher zollfreie chlorsaure Kali ein, worauf der Import von 458 000 Doll. in jenem Jahre auf 38 000 Doll. im Jahre 1903 zurückging. Dem Auslande da, wo es überhaupt schutzzöllnerisch gesinnt ist, unsere Fabrikate durch Verteuerung der Rohstoffausfuhr aufzwingen zu wollen, wäre ein fruchtloses, ja unheilvolles Beginnen. Denn solange ein Ausfuhrzoll auf Kali nicht exorbitant hoch ist, wird das Ausland durch eine entsprechende Erhöhung seiner Fabrikatzölle seine eigenen Kali verbrauchenden Weiterverarbeiter vor den Gefahren der Rohstoffverteuerung zu schützen suchen.

Es kann, wie wir sehen, ein Ausfuhrzoll auf Kali, soweit die Kaliproduzenten selbst in Frage kommen, nur als eine erhebliche Schädigung ihrer Interessen betrachtet werden. Für die Erfüllung der Hoffnungen, welche die agrarischen Interessen auf ihn setzen, besteht nicht die geringste Aussicht. Dagegen können durch ihn leicht Gefahren für die industriellen Produzenten entstehen. Sind nun die fiskal- und handelspolitischen Vorzüge des Ausfuhrzolls derart, daß sie dessen Einführung, trotz jener abschreckenden Analyse seiner mutmaßlichen Wirkungen, rechtfertigen können?

Nimmt man an, daß der Ausfuhrzoll mit 10% des Wertes erhoben wird — und dieses wäre auch nach Ansicht seiner Be-

[1]) So durch den Sodazoll in Rußland und den Vereinigten Staaten, den Zoll auf Anilin und Teerfarbstoffe in Frankreich und Russland, den auf Cyankali in Nordamerika usw.

fürworter der Minimalsatz — so würde man den Bruttoertrag des Ausfuhrzolls, da im Jahre 1905 für ca. 53,5 Mill. Mark Kali ausgeführt wurde, mit 5,3 Mill. Mark veranschlagen können; dabei ist zu bemerken, daß ein Rückgang der Hochkonjunktur in Amerika diese Ziffer zu reduzieren imstande wäre. Aber selbst, wenn wir sie zur Grundlage nehmen, so bleibt angesichts der hohen Unkosten für Erhebung und Kontrolle nur ein relativ geringer Reinertrag. Nach den Angaben des Oberberghauptmanns von Velsen in der parlamentarischen Kommission müßten bei einer Bruttoeinnahme von 4,6 Mill. Mark mindestens 2 Mill. Mark als Unkosten des Fiskus abgezogen werden. Für das Jahr 1905 würde dies einen Reinertrag von ca. 3 Mill. Mark bedeutet haben. Bedenkt man aber, daß der preußische, braunschweigische und anhaltinische Fiskus mit ca. 25% am Totalexport beteiligt, so würde der Fiskus dieser Staaten allein für ca. 1,3 Mill. Mark Ausfuhrabgaben zu entrichten haben. Es würde also das Reich einerseits 5,3 Mill. Mark empfangen, andererseits müßten 3,6 Mill. Mark in Form von Erhebungskosten und Zollzahlungen vom Reich und den Bundesstaaten hergegeben werden. Der ganze fiskalische Gewinn betrüge also nur 1,7 Mill. Mark und nicht 10 Mill. Mark, wie einzelne Befürworter des Ausfuhrzolls gewähnt haben.

Nun noch einige Worte über die Bedeutung des Ausfuhrzolls auf Kali als Kampfmittel handelspolitischer Art, wie er vor allem von Georg von Mayr und Dr. Paxmann aufgefaßt worden ist.[1]) Der Erfolg einer handelspolitischen Waffe, wie es der Kaliausfuhrzoll sein soll, hängt nicht von ihrer eigenen Schärfe allein ab, sondern vor allem davon, welche Waffe der Gegner in Händen hat. Daß unser Kali mit seiner monopolistischen Stellung auf dem Weltmarkte als handelspolitische Waffe verwandt werden kann, ist sicherlich richtig. Auch wäre ein vorübergehender „Kampf"-Ausfuhrzoll bei einem Zollkriege vielleicht erwägenswert. Da es sich aber heute darum handeln würde, im Frieden jenes Mittel anzuwenden, fragt es sich, welche Gegenmaßregel das Ausland anwenden kann, um den ihm unliebsamen Ausfuhrzoll zu bekämpfen. Würden doch wir in diesem Falle die Angreifer sein, und es wäre verblendet, Konzessionen vom Auslande erwarten zu wollen, solange es durch wirksame Retorsionen unseren Ausfuhrzoll bekämpfen könnte.

Man hat uns bereits vielfach darauf verwiesen, daß das Ausland einen deutschen Ausfuhrzoll auf Kali durch Ausfuhrzölle auf Waren, die wir notwendigerweise importieren müssen, erwidern könne. So sprach man z. B. in dieser Beziehung von Schweden, das wegen seiner Moore auf Kalidüngung an-

---

[1]) Vgl. v. Mayr a. a. O. S. 38 ff.; und Paxmann. Die Kaliindustrie a. a. O. S. 106.

gewiesen ist, und die unliebsamen Wirkungen eines deutschen Ausfuhrzolls durch einen solchen auf seine von uns benötigten Eisenerze erwidern könne. Graf Kanitz hat im Reichtage[1]) diese Besorgnis zu zerstreuen gesucht, indem er erklärte, daß durch einen solchen Ausfuhrzoll die Schweden „sich selbst den allergrößten Schaden tun“ würden, da dieser nur die bereits überwiegende Einfuhr spanischer Erze nach Deutschland fördern würde. Wenn wir davon absehen, daß spanisches und schwedisches Erz infolge ihrer verschiedenen Beschaffenheit und Verwendbarkeit in Deutschland gar nicht miteinander konkurrieren,[2]) so ist es sicherlich richtig, — und dies wurde schon früher von uns erörtert — daß ein Eisenerzausfuhrzoll den schwedischen Exportinteressen nur schaden kann. Aber Graf Kanitz sollte vielleicht am ehesten wissen, daß zur Durchsetzung handelspolitischer Maßnahmen, welche Sonderinteressen verlangen, die Zweckmäßigkeit derselben für andere, selbst wichtigere Wirtschaftsinteressen oft gar nicht in Frage kommt. So würden auch diejenigen Kreise in Schweden, welche aus einem Erzausfuhrzoll Gewinn zu schlagen hoffen, mit dem Hinweis auf einen deutschen Kaliausfuhrzoll und mit dem Argument der Retorsion einen neuen Stützpunkt für ihre Forderung finden. Weniger gefährlich erscheint die Möglichkeit, daß die Vereinigten Staaten einen Ausfuhrzoll auf Baumwolle als Retorsionsmaßnahme einführen könnten. Nicht als ob, wie die Befürworter des Kaliausfuhrzolls meinten, ein solcher Zoll für uns unschädlich wäre! Er würde, selbst wenn wir Baumwolle aus Aegypten und Indien in stärkerem Maße bezögen, uns jenen wichtigen Rohstoff sicherlich erheblich verteuern. Aber es erscheint kaum denkbar, daß die amerikanische Union Waren mit monopolähnlichem Charakter wie Baumwolle oder Kupfer mit Ausfuhrzöllen belegen wird. Sie müßte entweder für jene großen Exportinteressen einen einheitlichen Ausfuhrzolltarif schaffen, der sich gegen alle Länder richten, also größtenteils Staaten treffen würde, die jene Schädigung gar nicht provoziert hätten.[3]) Oder aber es müßte, da dieses Vorgehen ja geradezu sinnlos wäre, ein Ausfuhrdifferentialzoll für Deutschland eingesetzt werden. Nun könnte man aber schwerlich — etwa wie bei differentiellen Einfuhrzöllen „Ursprungszeugnisse“ — Absatzzeugnisse bei den Ausfuhrzöllen erheben. Wenn Deutschland mit einem Exportzoll auf Baum-

---

[1]) Sitzung vom 21. Mai 1906.

[2]) Spanisches Erz dient dem sauren, schwedisches dem basischen Prozeß der Stahlproduktion.

[3]) Man vergleiche den Anteil der Ausfuhr nach Deutschland in jenen drei Waren mit der Gesamtausfuhr in 1000 Doll. im Jahre 1905:

Ausfuhr	Baumwolle	Kupfer	Petroleum
im ganzen	379 965	87 563	79 793
nach Deutschland . . .	87 392	14 224	8 907

wolle getroffen, England freibleiben sollte, so könnte mit Hilfe des Zwischenhandels die für Deutschland endgültig bestimmte Baumwolle zunächst pro forma nach England exportiert werden. Die Verkehrsrichtung allein würde ein Kennzeichen des endgültigen Absatzes nicht abgeben können, soweit es sich um den Export amerikanischer Waren nach Europa handelt. Es stünden also der Differenzierung technische Hindernisse im Wege.

Weit eher möglich wäre es, daß die amerikanische Union eine Ware mit einem Ausfuhrzoll belegte, an deren Export in erster Linie Deutschland interessiert ist, und die wegen ihrer ökonomischen Aehnlichkeit mit dem Kali ein bedeutend besseres Objekt der Retorsion als Baumwolle oder Kupfer abgeben würde: nämlich die Phosphate. Wenn auch Deutschland in bezug von phosphorsaurem Kalk nicht einzig auf Amerika (Florida und South Carolina) angewiesen ist, so bezieht es doch über die Hälfte seines Bedarfs von dort.[1]) Auf der anderen Seite war Deutschland im Jahre 1903 an der Gesamtausfuhr von Rohphosphaten aus der Union, die ca. 6 300 000 Doll. betrug, mit ca. 2 500 000 Doll. beteiligt. Hier wäre also für die Union ein Objekt vorhanden, bei welchem eine Retorsion in Form eines Ausfuhrzolls den wirklichen „Gegner" in erster Linie träfe, ohne daß die handelspolitischen Verhältnisse der größten Exportindustrien einem immerhin riskanten Experimente unterworfen würden. Ein amerikanischer Ausfuhrzoll auf Rohphosphate aber würde, selbst wenn wir unsere Zufuhr aus Algerien und Belgien verstärken könnten, verteuernd wirken und dies besonders, wenn, wie es bereits in einem französischen Organe, der „Réforme Economique", vorgeschlagen wurde,[2]) auch auf algerische Rohphosphate ein Ausfuhrzoll als Retorsion erhoben würde. Dann würde nicht nur unsere Superphosphatindustrie, sondern vor allem auch unsere Landwirtschaft schwer geschädigt werden.

Wenn wir aber davon absehen, daß das Kali importierende Ausland mit eigenen Ausfuhrzöllen Retorsionen treiben kann, so bleibt als nicht minder wichtig die schon angedeutete Tatsache, daß ein deutscher Ausfuhrzoll auf Kali nur allzu leicht zur Erhöhung von ausländischen Fabrikatzöllen führen kann. Da wo im Ausland eine künstlich großgezogene chemische Industrie mit der unserigen in Wettbewerb steht, wäre die künstliche Verteuerung unserer Rohstoffausfuhr das erste Signal für neu zu fordernde Einfuhrzollerhöhungen auf unsere chemischen Fabrikate, soweit in ihnen Kali eine Rolle spielt. Gerade die Abhängigkeit, in welcher sich die Vereinigten Staaten von unserem Kali befinden, sollte uns von der Einführung einer Maßnahme

[1]) Nach „Kali", 1907, S. 46 bezogen wir im Jahre 1906 2 978 000 dz aus der Union, während die Gesamteinfuhr 5 010 000 dz betrug.

[2]) Vgl. No. 6, 9. Febr. 1906, zitiert in „Kali", 1. Febr. 1907, S. 45.

fernhalten, die die Retorsionslust, welche der Yankee bereits angesichts unserer hohen Agrarzölle verspürt, nur noch verstärken muß. Sonst wäre es allzu leicht möglich, daß die Lieblingsidee vieler amerikanischer Agrarier verwirklicht würde, die Schiffe der ihnen handelspolitisch feindseligen Nationen mit Flaggenzöllen zu bedenken.[1] Diese gefährliche Maßnahme könnte dann ja auch in der Weise ausgestaltet werden, daß man gewisse Waren — wie Baumwolle, Kupfer und Petroleum — mit Ausfuhrzöllen belegte, soweit sie in deutschen Schiffen ausgeführt würden. Denn damit würde die Union die oben genannten Schwierigkeiten vermeiden, die einer allgemeinen Erhebung von Ausfuhrzöllen auf solche Waren entgegenstünden, und zugleich unsere Schiffahrt schädigen.

Angesichts dieser verschiedenen Retorsionsmöglichkeiten des Auslandes erscheint es recht zweifelhaft, ob die handelspolitische Verwendung des Kaliausfuhrzolls nicht an Stelle der erhofften Konzessionen nur unliebsame Komplikationen in unseren ausländischen Handelsbeziehungen herbeiführen würde.

Nun zum Schluß noch ein Wort über den Ausfuhrzoll als Mittel zur Schonung der Bodenschätze vor allzu rascher und verschwenderischer Ausbeute. Dieses Argument hat in der wissenschaftlichen Erörterung bisher keinen Anklang gefunden. Sowohl Professor Liefmann,[2] dessen vorurteilslose Betrachtungsweise ja bekannt ist, wie Dr. Stoepel, Professor Ochsenius[3] und R. Heimann haben sich mit Nachdruck dahin ausgesprochen, daß bei dem ungeheuren Reichtum an Kali, den wir besitzen, die Erschöpfungsfrage in diesem Zusammenhange vorläufig noch gar nicht zu diskutieren ist. Schon zu Anfang der neunziger Jahre wurde der damals nachgewiesene bezw. durch Mutungen festgelegte Vorrat an Kalisalzen von amtlicher Seite auf Jahrtausende reichend eingeschätzt. Heute ist ein Vielfaches jenes Vorrates durch die neuen Bohrungen usw. erschlossen. „Von der Gefahr einer Erschöpfung der Kalilagerstätten der norddeutschen Tiefebene,“ so schreibt Stoepel,[4] „kann selbst bei der doppelten und dreifachen der gegenwärtigen durchschnittlichen Jahresförderung nicht gesprochen werden, da nicht nur in der Provinz Sachsen noch viele gänzlich unberührte, zumeist durch fiskalische Mutungen gedeckte Felder vorhanden sind, wo man das Anstehen von abbaufähigen Kalilagern mit Sicherheit annehmen darf, sondern auch durch zahlreiche Bohrungen in dem letzten Jahre in Hannover, Braunschweig, Mecklenburg und (in beschränktem

[1]) Vgl. Levy. Die Lage der amerikanischen Handelsflotte. Conrads Jahrbücher 1905. III. Folge. Bd. XXX. S. 762.

[2]) Vgl. Deutsche Wirtschaftszeitung, 1906, S. 246 ff.

[3]) Vgl. Deutsche Bergwerkszeitung, 2. 3. 06 (No. 512). zit. bei Heimann, S. 230.

[4]) Vgl. Stoepel a. a. O. S. 224.

Umfange auch) in den thüringischen Staaten ausgedehnte Kalilagerstätten von großer Mächtigkeit erschlossen worden sind."

Die Furcht vor einer Verschwendung unserer Kalischätze durch einen Schleuderexport ist, wie wir darlegten, unbegründet, solange das Kalisyndikat besteht, dessen Taktik es bisher war, die Preise im Ausland höher als im Inland zu halten. Ein dauernder Zusammenbruch desselben ist nicht zu erwarten. Andererseits aber ist, soweit Preußen in Frage kommt, durch die Berggesetzreform der Regierung eine Möglichkeit gegeben, einer allzu schnell vorwärts schreitenden Erschließung neuerer Lager einen Hemmschuh anzulegen. Wenn überhaupt nach einem Mittel zur Verlangsamung unserer Kaliproduktion gesucht wird, so ist jedenfalls ein solches, das lediglich einer allzu raschen Vermehrung neuer Werke steuert, demjenigen vorzuziehen, das auch für die bereits bestehenden Werke Absatzerschwerungen bringen müßte. Unbegreiflich aber erscheint es, wie man die folgenden Argumente unter einen Hut zu bringen vermag: einmal erklärt man, der Ausfuhrzoll werde, da ihn das Ausland tragen müsse, die Kaliproduzenten nicht schädigen, nämlich deren Exportfähigkeit, ja selbst eine Steigerung derselben nicht behindern. Andererseits verspricht man sich von dem Ausfuhrzoll eine Verlangsamung des bisherigen, durch den Export beschleunigten Ausbeutetempos und eine Schonung des Mineralreichtums zugunsten des nationalen Bedarfs noch fernliegender Zeiten. Wie sich beide Ziele vereinen lassen, haben die Befürworter des Ausfuhrzolls auf Kali nicht angeben können.

Fassen wir zusammen: Ein Ausfuhrzoll auf Kali würde die Kali-Industrie ungünstig beeinflussen. Denn jede Verteuerung dieses Produktes auf dem Weltmarkte würde einen Rückgang des Bedarfes, zumindest eine Verlangsamung der Bedarfssteigerung herbeiführen. Dies besonders, wenn die jetzige Hochkonjunktur in der amerikanischen Union verebbt. Eine Verschlechterung der Chancen des Auslandabsatzes kann aber mit dem Argumente der Exportschleuderei nicht verteidigt werden, da in den letzten Jahren das Ausland höhere Preise für Kali als das Inland bezahlt hat. Eine Erhöhung der Auslandspreise würde für die deutschen Agrarier die überseeische Konkurrenz in Getreide nicht abschwächen; die Kalidüngemittel kommen in erster Linie anderen Gegenden und agrarischen Produkten zugute als den mit uns konkurrierenden, und die Rohertragssteigerung der jungfräulichen überseeischen Getreideböden ist auch ohne deutsches Kali möglich, wenn sie überhaupt in nächster Zeit in Angriff genommen werden sollte. Fiskalische Bedeutung hat der Ausfuhrzoll so gut wie gar nicht, besonders infolge der außerordentlichen Unkosten der Kontrolle und Erhebung. Als handelspolitisches Kampfmittel kommt der Ausfuhrzoll nicht in Betracht, solange den durch ihn bedrohten Staaten die verschiedensten

Mittel wuchtiger Retorsion zu Gebote stehen. Zu diesem gehören u. a. die Erhebung höherer Einfuhrzölle auf unsere mit Kali hergestellten chemischen Produkte, wodurch unsere chemische Industrie schwer geschädigt würde. Aus Furcht vor Verschleuderung der Rohstoffe den Kaliausfuhrzoll einzuführen, wäre unberechtigt, solange wir im Besitze fast unermeßlicher Naturschätze sind, solange ein Syndikat besteht, das den Inlandspreis tiefer hält als den ausländischen, und solange die preußische Regierung schon ohnehin bemüht ist, durch Erweiterung ihrer berggesetzlichen Befugnisse der Ueberproduktion zu steuern.

b) Der Ausfuhrzoll auf Kohle.

Die Frage des Kohlenausfuhrzolls ist in ihrer elementaren Grundlage von derjenigen des Kaliausfuhrzolls verschieden. Bei allen Argumenten wirtschafts- und handelspolitischer Art, die für einen Ausfuhrzoll auf Kali geltend gemacht werden, ist man von dessen monopolistischer Stellung auf dem Weltmarkt ausgegangen. Deutsche Kohle dagegen ist keineswegs im Auslande eine Ware mit Monopolcharakter. Sie hat sich ihre heutige Stellung als Exportware zum Teil unter heftigem Wettbewerbe mit ausländischer Kohle erkämpfen müssen. Die Eroberung neuer Absatzmärkte ist an die Ueberwindung jenes Wettbewerbes auch noch weiterhin geknüpft. Das Argument von dem „zolltragenden Ausland“ ist also hier nicht am Platze. Wenn einzelne Politiker, wie Graf Kanitz,[1]) auf den englischen Kohlenausfuhrzoll verwiesen haben, so ist ein solcher Vergleich schon deshalb unmöglich, weil sich englische Kohle auf einzelnen ausländischen Märkten eines gewissen Monopols erfreut. Allein, obschon dies der Fall ist, hat man den Kohlenausfuhrzoll in England beseitigt, weil er in seiner Totalität n i c h t, wie Graf Kanitz meint, auf den Konsumenten abgewälzt werden konnte; er wirkte vielmehr, wie wir zeigten, in den bestrittenen Gebieten zum Nachteil der englischen Exporteure ja geradezu als e i n e P r ä m i e f ü r d i e S t ä r k u n g d e s a n d e r w e i t i g e n W e t t b e w e r b s. So hat nun selbst in einem Lande, dessen Kohlenexport eine ungleich gefestigtere Stellung einnimmt als der des Deutschen Reichs, der Kohlenausfuhrzoll eine Schädigung der Exportinteressen herbeigeführt.

Aus dem Deutschen Reiche wurden im Jahre 1905 18 157 000 Tonnen Steinkohlen ausgeführt, während die Förderung nahezu 121 Millionen Tonnen betragen hatte. Die Hauptexportgebiete waren: Oesterreich-Ungarn, die Niederlande, Belgien, Frankreich, die Schweiz, Rußland, Italien und Dänemark.

Für den Steinkohlenexport nach Oesterreich und Ruß-

---

[1]) Vgl. Sitzung des Reichstags vom 10. Januar 1906. S. 479.

land kommen bekanntlich in erster Linie die schlesischen Kohlenreviere in Frage. Dem oberschlesischen Becken liegt nach Süden und Südosten, also nach Oesterreich zu, das Ostrauer und das Jaworznover Steinkohlengebiet vor, nach Rußland das Steinkohlengebiet von Sosnowice und Dombrowa, das mit einem hohen Schutzzoll geschützt ist. Die Oberschlesier haben also nach diesen Exportrichtungen hin durchaus kein unbestrittenes Absatzgebiet.[1]) An dem Export nach Frankreich ist in erster Linie rheinisch-westfälische und Saarkohle beteiligt. Soweit das Hauptgebiet unseres französischen Kohlenabsatzes, das Departement Meurthe-et-Moselle, in Frage kommt, hat deutsche Kohle mit französischer und belgischer zu konkurrieren, und hier waren nach den statistischen Feststellungen des Comité Central des Houillères de France im Jahre 1900 in jenem Gebiet ca. 39% des Kohlenverbrauchs französischen, 32% deutschen und 26% belgischen Ursprungs.[2]) Was die Versorgung Hollands und Belgiens mit rheinisch-westfälischer Kohle anlangt, so steht hier deutsche Exportkohle zum Teil im Wettbewerb mit der dort gewonnenen, vor allem aber auch mit der aus England eingeführten Kohle. Bei Besprechung des englischen Kohlenausfuhrzolls haben wir gesehen, wie in jenen Gebieten die englische Einfuhr zugunsten derjenigen anderer Länder, zu denen in erster Linie auch Deutschland gehört, relativ zurückgegangen ist. Setzt man die Kohlenausfuhr Deutschlands und Englands in der Zeit von 1896 bis 1900 = 100, so betrug im Jahre 1903 die Ausfuhr englischer Kohle nach Holland und Belgien 66,70 und 90,74, diejenige Deutschlands 143,18 und 186,89.[3]) Daß die fortschreitende Absatzsteigerung deutscher Kohle in diesen Gebieten und ihr Wettkampf mit der britischen Kohle durch den englischen Ausfuhrzoll erleichtert worden ist, ist nach den Erfahrungen der letzten Jahre ohne Zweifel. Durch eine Nachahmung des mißglückten englischen Experimentes würde man wahrscheinlich auf seiten der englischen Kohlenindustriellen ein ebenso großes Freudengeschrei hervorrufen, wie es einst unsere Kohleninteressenten über den englischen Ausfuhrzoll ausstießen. Denn ein Ausfuhrzoll auf deutsche Steinkohle würde der ostenglischen und schottischen Kohle die Konkurrenz mit deutscher Ware sowohl in Holland und Belgien wie auch in Nordrußland und Dänemark erleichtern.

Ganz besonders würde ein Ausfuhrzoll die Wettbewerbsfähigkeit deutscher Kohle da belasten, wo diese sich überhaupt erst in allerletzter Zeit einen Platz erobert hat: z. B. an der Nordwestküste Frankreichs, die bis zum Jahre 1902 ausschließlich

---

[1]) Vgl. die Aussage des Bergrates Bernhardi. Kartellenquete. Berlin 1903. Heft 2. S. 326.

[2]) Vgl. Thomas a. a. O. S. 466.

[3]) Vgl. Jüngst a. a. O. S. 1117 ff.

mit englischer Kohle versorgt wurde.[1]) Auch da, wo der deutsche Export infolge anderweitigen Wettbewerbs bereits im Rückgang begriffen ist, wäre naturgemäß die Erhaltung wenigstens des bisherigen Absatzgebietes gefährdet. Dies wäre der Fall z. B. bei dem für den Saarbezirk so wichtigen Export nach Frankreich, welcher eher eine Ab- als Zunahme zeigt, indem die Saarkohle ihre früheren französischen Absatzgebiete mehr und mehr an belgische und französische Kohle verliert.[2])

Wenn man sich dieses Bild unseres ausländischen Kohlenabsatzes vor Augen hält, wird man schwerlich behaupten können, daß eine künstliche Erhöhung unseres Exportpreises vom Ausland getragen werden wird. Da die Voraussetzung einer derartigen Wirkung des Exportzolls, die monopolistische Beherrschung des Absatzgebietes, völlig fehlt, so würde eine tatsächliche Erhöhung des Ausfuhrpreises um den Zoll nur dem ausländischen Wettbewerb Vorschub leisten. Wollten sich dem unsere Exporteure nicht aussetzen, so müßten sie den Zoll aus ihren Taschen bezahlen, wodurch wahrscheinlich der Export von Kohle wesentlich „abflauen" würde.

Nun ist es wiederum gerade mit Rücksicht auf diese Wirkung, daß man einen Kohlenausfuhrzoll von anderer Seite zu befürworten sucht. Er soll durch eine Beschränkung des Exports die Preise im Inlande ermäßigen und zugleich eine langsamere Ausbeutung unserer Kohlenschätze herbeiführen.[3])

Das erste Argument hat zunächst etwas Bestechendes. Man weiß, daß es im Gegensatz zu den Verhältnissen in der Kali-Industrie — die Preispolitik der deutschen Kohlensyndikate ist, den Kohlenpreis in den Gebieten des Inlandes, soweit sie unbestrittenen Absatzmärkte bilden, hochzuhalten, dagegen die Kohlen nach den bestrittenen, ausländischen Märkten weit billiger zu verkaufen. Ebenso wie man im Sinne der Brüsseler Zuckerkonvention, Schleuderimporte mit besonderen Einfuhrzöllen belegen kann, wäre ein Ausfuhrzoll vielleicht das Mittel, den „Schleuderexport" in seinen für das Inland unliebsamen Wirkungen zu paralysieren?

Zunächst sei betont, daß man nach allem, was bisher über die Art des Auslandsverkaufs von Kohlen bekannt geworden ist, es sich durchaus nicht immer um „Schleuderexport" in dem Sinne handelt, daß die Syndikate mit positiven Verlusten exportieren, „verschleudern". Es handelt sich in der Regel darum, daß man

[1]) Vgl. Thomas a. a. O. S. 491.

[2]) Vgl. Uhde a. a. O. S. 62—64. Vor allem schwindet nach ihm der Absatz nach Frankreich, weil der Ostkanal und eine bestimmte Eisenbahntarifpolitik französische und auch belgische Kohle in das frühere Absatzgebiet der Saarkohle bringt.

[3]) Vgl. die Rede des Abgeordneten Rettig im Reichstag am 10. Januar 1906. S. 434.

Kohlen zu Preisen an das Ausland abgibt, die noch gewinnbringend sind, mit denen man sich aber im Inlande nicht begnügen will, da man in den unbestrittenen Gebieten des Inlandes noch höhere Preise und Profite erzielen kann.

Dieser Zustand ist nicht für Deutschland, noch für die deutschen Kohlensyndikate allein charakteristisch. Er besteht auch z. B. in England, wo Kohlensyndikate nicht existieren. Es ist in England sogar unter den Kohlengrubenbesitzern ein Gemeinplatz geworden, daß die mittleren Grafschaften ihre Preise höher halten können, als diejenigen anderer Distrikte sind, weil sie bezüglich ihres „Inlandgeschäftes" vor Wettbewerb sicher sind.[1]) Für die durch die hohen Kohlenpreise betroffenen industriellen Verbraucher ist natürlich die Ausnützung unbestrittener Absatzgebiete und der billigere Verkauf nach bestrittenen Märkten peinlich, vor allem, wenn die bestrittenen Märkte im Ausland liegen. Durch ein Beispiel aus der Praxis hat dies Bergrat Gothein in dem Verein für Sozialpolitik in treffender Weise veranschaulicht.[2]) Allein daß unser Kohlenexport „an sich" etwas Unerfreuliches wäre, kann daraus nicht gefolgert werden. Es handelt sich nicht um einen „Schleuderexport" in dem Sinne, daß überflüssige Ware in Zeiten heimischer Wirtschaftsdepression ohne oder fast ohne Gewinn ans Ausland abgeladen werden, sondern um eine regelmäßige, langsam wachsende Ausfuhr, welche ihrem Werte nach in den letzten fünf Jahren die dritte und vierte Stelle der deutschen Gesamtausfuhr eingenommen hat.[3]) Eine Beeinträchtigung dieser Ausfuhr wäre vom Standpunkte unserer Handels- und Zahlungsbilanz sicherlich nicht wünschenswert. Würde aber durch dieselbe das — freilich erstrebenswerte — Ziel erreicht und eine Herabsetzung des heimischen Preisniveaus für Kohle erzielt werden? Dies ist kaum anzunehmen. Wenn wir es mit einer unorganisierten, dem freien Wettbewerb der einzelnen Zechen ausgesetzten Kohlenindustrie zu tun hätten, dann wäre es freilich möglich, daß die durch den Ausfuhrzoll verminderte Rentabilität des Exports zu einer reichlichen, preisdrückenden Versorgung des Inlandes führen könnte. Allein wir haben es mit starken Kartellen zu tun. Wie diese in Zeiten der Depression durch Fördereinschränkungen dafür Sorge tragen, daß der Preis nicht entsprechend dem sich verringernden Bedarfe sinkt, so würden sie auch den Rückgang der Exportmöglichkeit durch ihre Produktionspolitik ausgleichen. Dabei ist vor allem zu bedenken, ein wie geringer Teil des Gesamtabsatzes der Export ausmacht. Im Jahre 1902 betrug der Gesamtabsatz der rheinisch-westfälischen Syndikatszechen

[1]) Vgl. Ashley. Adjustement of Wages. London 1903. S. 48 u. 49.
[2]) Vgl. Verhandlungen des Vereins für Sozialpolitik. Leipzig 1906. S. 318—319.
[3]) Vgl. Statistisches Jahrbuch 1906. S. 175.

36 134 000 t, wovon nur 6 870 000 t exportiert wurden.[1]) Betrachten wir nicht den eigentlichen „Absatz", sondern die Gesamtförderung (zum Absatz und Eigenverbrauch), und zwar dies für ganz Deutschland, so betrug:

Jahr	Förderung 1000 Tonnen	Export 1000 Tonnen
1901	108 539	15 266
1902	107 473	16 101
1903	116 637	17 390
1904	120 815	17 997
1905	121 300	18 157

Es ist also der bei weitem überwiegende Teil der Produktionssteigerung der letzten fünf Jahre dem Verkauf im Inlande zuzuschreiben. Für die absolute Absatzsteigerung ist dieser unvergleichlich wichtiger gewesen als der Export.

Wenn durch die Ausfuhrzölle eine Verringerung des Exports um einige Millionen Tonnen stattfände, so würden diese bei regulären Marktverhältnissen angesichts der 25—30 fachen Förderung wohl kaum als preisdrückend ins Gewicht fallen. Sollte aber — wie etwa in Zeiten schlechten Absatzes im Inlande — die künstliche Erschwerung des Exports doch als preisdrückender Faktor an Bedeutung gewinnen, so würden die Syndikate entweder eine Förderungsbeschränkung eintreten lassen oder aber selbst mit geringerem Gewinn als bisher ans Ausland weiter verkaufen. In dem Maße nämlich, wie der inländische Absatz ein hohes Vielfaches der Ausfuhr ausmacht, wäre es dann immer noch ratsamer für die Syndikate, durch einen geringeren Exportgewinn oder eine Förderbeschränkung die Wirkungen des Ausfuhrzolls auf einen kleinen Teil ihres Absatzes zu beschränken, anstatt durch ihn für die große Masse der Förderung ihre Preispolitik gefährdet zu sehen.[2]) In jedem Falle ist also die Wirkung des Ausfuhrzolls als preisreduzierender Faktor, solange gefestigte Syndikate bestehen, äußerst zweifelhaft.

Auf der anderen Seite ist als sicher anzunehmen, daß der Ausfuhrzoll einen hemmenden Einfluß auf die Kohlen-

[1]) Kartellenquete. Bd. I. S. 280.

[2]) Als Beispiel kann etwa folgende Betrachtung dienen: Man nehme an (ungefähr entsprechend den Verhältnissen von 1902), das rheinisch-westfälische Syndikat habe 29 Mill. Tonnen zu 10 Mk. im Inlande, 6 Mill. zu 9 Mk. im Auslande abgesetzt; es werde ein Ausfuhrzoll von 1 Mk. pro Tonne eingeführt, den beim Export das Syndikat zu tragen hätte. Demgegenüber, so nehme man an, würde das Aufhören des Exports bei gleichbleibender Förderung eine Preisreduzierung im Inlande von 1 Mk. pro Tonne ausmachen. Es würde dann das Syndikat anstatt 344 Mill. Mk. nur 315 Mill. Mk. einnehmen, also 29 Mill. Mk. einbüßen; hätte es dagegen den Export trotz des Ausfuhrzolles weitergeführt, so hätte es 344 Mill. Mk. weniger 6 Mill. Mk. eingenommen, also nur 6 Mill. Mk. eingebüßt.

förderung ausüben würde. Entweder würde dieser darin bestehen, daß das bisherige Tempo der Exportsteigerung sich verlangsamen würde. Oder aber der Ausfuhrzoll würde geradezu unseren bisherigen Export bedrohen, dann würde aller Wahrscheinlichkeit nach eine Förderbeschränkung seitens der privaten und fiskalischen Grubenorganisation die Folge sein. Ist nun eine solche Verlangsamung wirklich so wünschenswert, wie sie die Befürworter des Kohlenausfuhrzolls auszumalen pflegen? Es gehört ein gehöriges Quantum pessimistischen Geistes dazu, eine Verlangsamung unserer Kohlenförderung im Hinblick auf eine einmal eintretende Erschöpfung unserer Kohlenlager befürworten zu wollen. Eine Vorausbestimmung dieser Erschöpfung ist wissenschaftlich nicht möglich. Der geschätzte Vorrat an Kohlen vergrößert sich von Jahr zu Jahr durch neue Aufschlüsse und wird schon jetzt allein im oberschlesischen Becken auf größer angegeben als der englische Gesamtvorrat.[1]) Ferner ist die Schätzung der Vorräte an gewisse Annahmen geknüpft, wie die einer Maximaltiefe für die Gewinnung und einer Mindestgrenze für die Abbauwürdigkeit der Flöze. Technische Fortschritte und ökonomische Veränderungen, z. B. Preiserhöhungen, können solche Annahmen jederzeit umstoßen. Und wer möchte es erst wagen, eine Rate der jährlichen Förderungszunahme für Jahrhunderte auch nur annähernd vorauszubestimmen? Schon die Bestimmung des Fortschreitens der heimischen Konsumtion ist durchaus problematisch und hat bereits oft zu Irrtümern geführt. So hat z. B. die englische Kohlenkommission vom Jahre 1866, die mit außerordentlicher Gründlichkeit arbeitete, damals angenommen, daß in dem Zeitraum von 1881—1901 zumindest 4368 Mill. Tonnen im Vereinigten Königreich verbraucht werden wünden. Obschon nun um jene Zeit der Kohlenverbrauch in England infolge der glänzenden wirtschaftlichen Entwicklung und einer Bevölkerungszunahme von 11 Millionen Seelen sicherlich größere Steigerungsmöglichkeiten aufwies, als es jene Kommission geglaubt hatte, wurden 313 Mill. Tonnen weniger im Inlande verbraucht, als sie angenommen hatte. Nach Price-Williams, welcher auf diesen „Irrtum" hingewiesen hat, war die Oekonomie des Kohlenverbrauchs in jener Zeit so stark vorgeschritten, daß trotz jener für den Kohlenabsatz so günstigen Umstände der tatsächliche Absatz im Inlande geringer war, als die Kommission angenommen hatte.[2]) Ebenso schreibt Uhde[3]) für Deutschland, daß Ersparnisse im Kohlenverbrauch, wie sie bisher schon stattgefunden haben, immer mehr um sich greifen werden und den anstehenden Vorrat idealiter um 10—20% und mehr vermehren können. Auch die Frage der Kohlensurrogate

[1]) Vgl. Uhde a. a. O. S. 71.
[2]) Vgl. Journal Royal Statistical Society 1903. S. 525—526.
[3]) Vgl. Uhde a. a. O. S. 71.

darf nicht übersehen werden. Die Ersetzung von Kohle durch Petroleumrückstände oder Rohöl spielt bereits heute in den Vereinigten Staaten eine große Rolle.[1]) Da überhaupt die Substituierung von Kohle durch Petroleum schnelle Fortschritte macht,[2]) so ist es unzweifelhaft, daß eine Weltknappheit von Kohlen eine stärkere Inanspruchnahme von Petroleum herbeiführen würde.

Wie steht es aber mit dem Bedarf der Kohlen importierenden Länder? Werden sie ihren Kohlenhunger so steigern, daß unsere Lagerstätten eine Ausbeutung in bedeutend schnellerem Tempo als bisher zu „befürchten" haben? Ein Blick auf die Verteilung des englischen Kohlenexports der letzten 30 Jahre dürfte dem widersprechen.[3]) Bisher wichtige Exportgebiete nehmen teils infolge natürlich sich entwickelnder, teils infolge künstlich forcierter Eigenproduktion beständig an Bedeutung ab: so vor allem Nordamerika (Kanada und die Vereinigten Staaten), Rußland und der ferne Osten.[4]) Ob die amerikanische Union in nächster Zeit selbst Kohlenexporteur in großem Maßstabe werden wird, ist fraglich. Aber die europäische Invasion amerikanischer Kohle im Jahre 1900 zeigte, daß bei hohen Weltmarktpreisen Amerika beispringen kann, so daß die beschleunigte Ausbeutung europäischer Lager in solchen Zeiten sich verlangsamen muß. Zumindest aber bedeutet die Eigenproduktion jener genannten Gebiete, daß europäische Exportkohle dort entweder weniger absatzfähig wird, als sie es bisher war, oder daß ihr Absatz nicht mehr im gleichen Tempo fortschreitet. Beides hat England bereits in jenen Gebieten erfahren, und die Beschränkung jener Absatzgebiete durch die Eigenproduktion ist natürlich auch indirekt wieder von Bedeutung für die Chancen des deutschen Kohlenexports. Es ist also für die westeuropäischen Kohlenexportländer eine stärkere Beschleunigung der Ausfuhr als bisher kaum zu erwarten. Und, was Deutschland anbetrifft, so haben gerade die Fördersteigerungen der letzten Jahre, wie wir hörten, in erster Linie dem inländischen Bedarfe gedient, während die absoluten Ziffern der Ausfuhr eine weit geringere Steigerung aufweisen.

Wie nun aber auch die Absatzverhältnisse sich gestalten mögen, selbst wenn sie trotz der genannten retardierenden Momente eine immer raschere Ausbeutung unserer Steinkohlenschätze herbeiführen würden: daß für mehr als ein halbes Jahrtausend unsere mineralischen Brennmaterialien noch ausreichen, ist wohl kaum bestritten

[1]) Industrial Commission. XIX. S. 224, 225.
[2]) Vgl. Journal Royal Statistical Society 1903. S. 528.
[3]) Vgl. Thomas a. a. O. S. 491 ff.
[4]) Die Förderung von Steinkohlen in Britisch-Indien, Japan und Neu-Süd-Wales hat in den letzten 20 Jahren stetig angenommen.

worden. Selbst ein so vorsichtiger Beurteiler wie Professor Lexis[1]) hat diese Tatsache nicht bezweifeln können, obschon er an der Nasseschen Berechnung von 785 Jahren eine Korrektur anbringen zu müssen glaubte.

Es spielen aber für unsere Frage ein paar Jahrhunderte mehr oder weniger wirklich keine Rolle. Selbst wenn es sich um „nur“ fünfhundert Jahre handelte, so muß es unsinnig erscheinen, eine handelspolitische Maßnahme mit Rücksicht auf einen so fernliegenden Zeitpunkt zu inaugurieren! Wieviel mehr gilt dies noch, wenn man den Angaben optimistischer Fachleute folgt, die erst in Jahrtausenden eine Erschöpfung der deutschen Lagerstätten befürchten.[2])

Ganz inkonsequent aber ist es, nur eine Kohlen k n a p p - h e i t zu befürchten, und nun emsig zu berechnen, wie viele Jahrhunderte noch die technisch erreichbaren Kohlenschätze „reichen“ werden. Auch eine V e r b i l l i g u n g der Kohle können die kommenden Zeiten bringen. Tritt aber diese ein, dann kann es sein, daß eine ganze Reihe von Kohlenlagern, die heute in den Augen des Fachmannes einen rentablen Abbau versprechen, ökonomisch nicht mehr abbauwürdig sind, daß längst vor ihrer technischen Erschöpfung, ihre kommerzielle oder ökonomische Erschöpfung eintritt.

Dann könnten wir unsere Furchtsamkeit mit einem herben Verluste büßen und bereuen, unsere Kohlenschätze nicht zur Zeit der hohen Preise in möglichst großen Mengen verkauft zu haben. Wie es also komme: ein Sparsystem ist hier nicht zu befürworten.

Auch handelspolitisch ist ein deutscher Ausfuhrzoll auf Kohle nicht zu rechtfertigen. Er würde zu Retorsionen anderer Länder ermuntern, und Oesterreich vor allem könnte durch einen Ausfuhrzoll auf seine Braunkohle (Teplitz-Duxer) eine entsprechende Wiedervergeltung üben.

Es ergibt sich, daß den unverkennbaren Nachteilen und der unausbleiblichen Schädigung, welche der Kohlenausfuhrzoll den wichtigsten Exportinteressen Deutschlands bereiten würde, Vorteile für die Gesamtheit nicht gegenüberstehen. Eine Preiserniedrigung ist durch ihn nicht zu erzielen. Eine künstliche Verlangsamung des gegenwärtigen Ausbeutetempos zugunsten unserer zukünftigen Versorgung erscheint, angesichts unserer großen Kohlenschätze und der Unbestimmbarkeit der kommenden Absatzverhältnisse, als ebenso überflüssig wie unratsam. Denn welcher noch so vorsorgliche, weise Staat möchte es auf sich nehmen, den sicheren Gewinn der Gegenwart im Hinblick auf eine Jahrhunderte vor uns liegende, gänzlich unberechenbare Zeit zu kürzen? Und die fiskalische Seite der Frage?

[1]) Vgl. Handwörterbuch der Staatswissenschaften. IV. S. 1081.
[2]) Vgl. Gothein a. a. O. S. 305.

Es ist fraglich, ob sie nach dem negativen Resultat unserer bisherigen Ausführungen überhaupt noch erörterungswert ist. Daß ein Kohlenausfuhrzoll größere Einnahmen bringen würde als der Kaliausfuhrzoll, ist wahrscheinlich. Von dem Gesamtexport an Steinkohlen wäre die Ausfuhr nach den Freihäfen Hamburg und Bremen abzuziehen. Sie machte im Jahre 1905 ca. 1 Million Tonnen aus Es würden 17 Mill. Tonnen Kohlen als Objekt des Ausfuhrzolls bleiben; ferner ca. $2^3/_4$ Mill. Tonnen Koks. Die Einnahmen aus dem über 1 Mill. Tonnen betragenden Export des fiskalischen Kohlenreviers an der Saar wären lediglich als Ausgaben eines bundesstaatlichen Fiskus aufzufassen, wogegen aber auf ihm ebenfalls die Unkosten der Erhebung und Kontrolle lasten würden. Welche Höhe die Kontroll- und Erhebungskosten ausmachen würden, welchen Anteil der Kohlenausfuhr (minderwertige Kohle) man vom Ausfuhrzoll befreien müßte, das läßt sich nicht sagen. Ein Ausfuhrzoll von 1 Mk. pro Tonne, wie er vorgeschlagen wurde, erscheint enorm hoch. Hat doch selbst England mit seinen vielen unbestrittenen Märkten und günstigen Frachtverhältnissen keinen höheren Zollsatz, und diesen nur für gute Kohle, einzuführen gewagt. Ein so hoch bemessener Zoll würde unseren Kohlenexport nicht nur in seiner Steigerungsfähigkeit treffen, sondern geradezu einen Rückgang des bisherigen Exports herbeiführen können, was wiederum die Prognose der *fiskalischen* Bedeutung des Ausfuhrzolls erschwert. Aber angesichts der schwerwiegenden wirtschaftspolitischen Bedenken, die gegen die Einführung des Kohlenausfuhrzolls sprechen und denen ausgleichende Vorteile nicht gegenübergestellt werden können, *muß* eine Erörterung seiner *rein fiskalischen* Bedeutung zurücktreten.

c) Die Ausfuhrzölle auf Abfälle.

Es ist erklärlich, daß, wenn man überhaupt Ausfuhrzölle als neues Mittel der deutschen Handelspolitik zu befürworten suchte, die Lumpen und sonstigen Abfälle als Objekte dieser Maßnahme nicht übersehen wurden. War doch der Lumpenzoll in Deutschland erst spät beseitigt worden, und bestehen doch Zölle auf Abfälle selbst heute noch in einzelnen Ländern, die sonst keine nennenswerten Ausfuhrzölle aufweisen. Immerhin handelt es sich hier um eine Frage, die an Bedeutsamkeit weit hinter den bisher besprochenen zurücksteht. Die Einführung von Ausfuhrzöllen auf Abfälle würde wohl nur dann Bedeutung haben, wenn sie als Ergänzung zu anderen wichtigeren Ausfuhrzöllen, denen auf Kali und Kohle hinzuträten. Daher beschränken wir uns hier auf einige kurze Bemerkungen.

Die vorgeschlagenen Ausfuhrzölle auf Abfälle sollten sich beziehen: auf Abfälle von Gespinstwaren, insbesondere Lumpen, auf solche von Lederstücken oder Lederwaren und Kautschukabfälle.

Wir haben schon früher einmal darauf verwiesen, daß Ausfuhrzölle auf Abfälle und Nebenprodukte insofern eine gewisse Berechtigung haben können, als ihre Produktion nicht um ihrer selbst willen geschieht. Es wird daher ein Ausfuhrzoll auf Abfälle nicht die Erzeugung derselben beeinträchtigen, sondern nur den Handel in Abfällen erschweren. Ob dieses Opfer, das man dem Handel auferlegt, zugunsten derjenigen heimischen Interessenten, welche Abfälle weiter verarbeiten, gerechtfertigt werden kann, muß jedoch erwogen werden.

Nun haben sich die diesbezüglichen Verhältnisse in der Verarbeitung von Lumpen in den letzten Jahrzehnten durchschlagend geändert. Die Papierindustrie, welche früher in den Lumpen ihr wichtigstes Rohmaterial besaß, hat heute im Holzschliff und in der Zellulose einen Rohstoff gefunden, der die Lumpen für die Fabrikation in minderwertigen Papiersorten stark in den Hintergrund gedrängt hat. Die Erfindung der Sulfitzellulose hat in Deutschland die Herstellung von Papier außerordentlich verbilligt. Eine ökonomische Verbilligung der Papierfabrikation ist ferner durch die Betriebskombination herbeigeführt worden, indem sich die großen Papierfabriken eigene Holzschleifereien angegliedert haben, um sich von der Höhe der Holzstoffpreise unabhängig zu machen.[1])

Für einen großen Teil der Papierindustrie hätte also ein Ausfuhrzoll von Lumpen gar keine Bedeutung mehr. Andererseits ist zu bedenken, daß unsere Papierindustrie sich in so glänzender Weise entwickelt hat, und daß sie bereits in so hohem Maße durch Zölle geschützt ist, daß eine weitere künstliche Begünstigung durchaus nicht notwendig erscheint. Dies zeigt vor allem auch die Entwicklung unseres Papierexports in den letzten fünf Jahren.[2]) Nach den Vereinigten Staaten von Amerika haben wir trotz der dort bestehenden Einfuhrzölle einen rapid steigenden Export entwickelt. Die Einfuhr deutschen Papiers und deutscher Papierwaren ist in der Union von 1 975 000 Pfund im Jahre 1899 auf 3 235 000 Pfund im Jahre 1905 gestiegen.[3]) Unsere steigende Ausfuhr von Lumpen nach den Vereinigten Staaten hat also unseren Papierexport dorthin nicht aufgehalten. Auch könnte Amerika bei einer Verteuerung der deutschen Lumpen größere Mengen aus England, Oesterreich,

---

[1]) Vgl. Kartellenquete. Heft IV. S. 10.

[2]) Es betrug der Export in Tonnen für folgende Sorten:

	Druckpapier	Packpapier	Schreibpapier geglättet	Papier und Pappwaren
1899	24 480	18 410	6 131	12 460
1905	30 687	24 363	10 022	24 339

[3]) Vgl. Analysis of the Foreign Commerce. Washington 1906. S. 18.

Holland und Frankreich beziehen, die es bereits jetzt zu einem großen Teil mit Lumpen versorgen. Sollte aber Amerika sich durch einen deutschen Lumpenausfuhrzoll ernstlich getroffen fühlen, so würden dies wahrscheinlich die dortigen Papierindustriellen (Paper Trust) dazu benutzen, eine weitere Erhöhung der Papiereinfuhrzölle zu verlangen, was unseren Industriellen recht unangenehm werden könnte. Durchaus einseitig aber wäre es, diese Frage lediglich vom Standpunkte der Papierinteressenten zu behandeln, dies besonders, wenn in ihrem Interesse so wenig für den Lumpenausfuhrzoll zu sagen ist. Freilich die Papierindustriellen behandeln die Lumpenhändler durchaus als quantité négligable, und mir selbst gegenüber äußerte sich der Vertreter einer großen mitteldeutschen Papierfabrik: „Die Lumpenhändler haben überhaupt nichts zu wollen.“ Die Vertreter der Regierung haben sich demgegenüber in der Kommissionsberatung über Ausfuhrzölle mit Recht dahin ausgesprochen, daß gerade mit Rücksicht auf die Aermlichkeit der Lumpensammler eine Belastung der Ausfuhr und eine künstliche Verschlechterung der Rentabilität dieses Gewerbes nicht zu befürworten sei. Es kommt hinzu, daß bereits die hohen Bahntarife für Lumpen die Ausfuhr per Achse sehr erschweren; hieran hat die verschiedene Tarifierung weißer und farbiger Lumpen wenig geändert.[1]) Wenn trotz ungünstiger Transportverhältnisse die Ausfuhr von Lumpen in den letzten fünf Jahren gestiegen ist,[2]) so kann man hieraus nur folgern, daß die Absatzchancen im Auslande besser waren als im Inlande, daß also eine weitere Verschlechterung der heimischen Absatzverhältnisse, etwa durch eine künstliche Beschränkung der Ausfuhr, den Lumpenhandel schwer treffen würde. Wenn auch bei einer Verschlechterung der Rentabilität jenes Gewerbes die Menge der produzierten Lumpen aus dem oben angegebenen Grunde nicht abnehmen würde, so könnte doch der Handel mit denselben eine Einschränkung erfahren; es würde sich vielfach nicht mehr lohnen, bei dem durch die Beschränkung der Ausfuhr herbeigeführten Ueberfluß im Inlande, Lumpen zum Verkauf zu sammeln. Dies würde gerade für die vielleicht ärmsten unserer Gewerbetreibenden eine schwere Schädigung bedeuten.

Soviel über den wichtigsten Ausfuhrzoll, welcher für die Kategorie der Abfälle in Frage käme. Die zwei übrigen Abfallwaren, bestehend in Leder- und Kautschukabfällen, stehen in ihrer Bedeutung für die Frage der Ausfuhrzölle ganz zurück. Man hat wahrscheinlich geglaubt, das ganze neu zu befürwortende „System“ der Ausfuhrzölle werde eindrucksvoller wirken, wenn

---

[1]) Vgl. Gothein a. a. O. S. 16.

[2]) Der Export ist von 57 auf 71 Mill. Tonnen von 1899 bis 1905 gestiegen.

für dasselbe möglichst viele Warengattungen in Frage kämen. Der Ausfuhrzoll auf Kautschukabfälle ist vom Grafen Kanitz ganz besonders erörtert und damit motiviert worden, daß zum Schaden unserer Industrie diese Ware nach Amerika ausgeführt werde.[1]) Nun hat aber auch ohne Ausfuhrzölle unsere Ausfuhr von Kautschukabfällen nach der Union in den letzten Jahren erheblich abgenommen,[2]) während gerade die Ausfuhr fertiger Kautschukwaren stark gestiegen ist. Nach der amerikanischen Einfuhrstatistik wurden im Jahre 1905 nur mehr für 149 000 Doll. alter Kautschuk und Kautschukabfälle aus Deutschland eingeführt, wogegen die Gesamteinfuhr hiervon 953 000 Doll. ausmachte.

Die Einfuhr aus Deutschland fällt also als Stärkungsmittel der „amerikanischen Konkurrenz" gar nicht ins Gewicht. Dagegen betrug die deutsche Gummifabrikateinfuhr in der Union im Jahre 1905 859 000 Doll. gegen nur 321 000 Doll. im Jahre 1900. Es kommt damit aber im Jahre 1905 weit über die Hälfte der Gesamteinfuhr von Kautschukfabrikaten aus dem Deutschen Reiche. Angesichts dieser Ziffern können sich unsere Kautschukindustriellen nicht beklagen. Ein Ausfuhrzoll auf Kautschukabfälle würde die Amerikaner gar nicht treffen, da sie schon heute nur den siebenten Teil ihres Bedarfs aus Deutschland beziehen, wohl aber würde er den amerikanischen Gummiwarenfabrikanten ein neues Argument für höhere Zölle gegen die deutsche Kautschukfabrikateinfuhr bieten.

II. Die Ausfuhrzölle und der deutsche Außenhandel.

Resultate.

Die Betrachtung des Ausfuhrzollproblems für einzelne Wirtschaftszweige des Deutschen Reiches führt uns zu einem negativen Resultat. Die Wirkungen der Ausfuhrzölle, welche zu ihrer fast allgemeinen Beseitigung in den europäischen Kulturländern geführt haben, würden auch bei ihrer Einführung wieder eintreten. Diese Wirkungen sind gegenüber der rein fiskalischen Bedeutung der Ausfuhrzölle — handels- und wirtschaftspolitischer Natur. Sie bestehen:

1. Vor allem in einer Exporterschwerung. Das Argument vom Ausland, das die Zölle trägt, ist eine leere Phrase. Bei

---

[1]) Vgl. Reichstagssitzung vom 21. Mai 1906.

[2]) Nach Analysis a. a. O. S. 17 betrug in der Union die Einfuhr von Gummiabfällen aus Deutschland:

im Jahre	1902	1903	1904	1905
Doll.	540 000	517 000	178 810	149 840

Kohlen, Lumpen und Abfällen handelt es sich um Produkte, die das Ausland nicht notwendigerweise von uns beziehen muß, und bei denen ein Ausfuhrzoll nur wie eine Prämie für unsere Wettbewerber wirken kann. Beim Kali würde die Verteuerung durch den Ausfuhrzoll eine Verlangsamung der ausländischen Bedarfssteigerung hervorrufen, also in dieser Weise auch eine Schädigung unseres Exportinteresses bedeuten. Dieses also würde in jedem Falle durch die Ausfuhrzölle benachteiligt werden.

2. Es fragte sich nun, ob dieser Wirkung ein Aequivalent gegenüberzustellen wäre, ob also Ausfuhrzölle den heimischen Verbrauchern nützlich sein könnten, ähnlich wie es die Merkantilisten früher vorausgesetzt hatten. Auch dies wäre nicht der Fall. Wir sahen vor allem, daß der wichtigste der geplanten Ausfuhrzölle, der Ausfuhrzoll auf Kali, als Schutzmittel gegen fremde — vor allem amerikanische — Agrarkonkurrenz nicht aufgefaßt werden kann, weil die Kaliausfuhr nach der Union gar nicht denjenigen Böden und Kulturen zugute kommt, welche unseren Landwirten Konkurrenz bereiten.

3. Auch unseren Industriellen können die vorgeschlagenen Ausfuhrzölle im Wettbewerb nichts nützen. Denn teils ist die ausländische Industrie nicht auf unsere Rohstoffe angewiesen, teils könnte sie Ausfuhrerschwerungen durch eine Erhöhung ihrer Fabrikateinfuhrzölle erwidern und so die Verteuerung für die Weiterverarbeiter ausgleichen. Eine Behinderung der auswärtigen Konkurrenz in Fertigindustrien könnten also Ausfuhrzölle auf deutsche Rohstoffe nicht herbeiführen.

4. Sie würden aber aller Wahrscheinlichkeit nach nicht einmal dem inländischen Verbraucher den Bezug verbilligen, weil die festen Organisationen der Produzenten einen Rückgang der inländischen Preise mit aller Macht verhindern würden, indem sie trotz der Ausfuhrzölle den Export fortsetzen oder aber die Produktion einschränken würden, um den inländischen Preis zu halten. Bei den Lumpen würde sich eine „Ueberproduktion" bei eintretender Ausfuhrbeschränkung — in einem Rückgang des Lumpenhandels geltend machen, wodurch wieder die Papierindustriellen zum Teil leiden würden. Es ist aber zu bedenken, daß beim Kali wie bei den Lumpen das Inland bereits ohne Ausfuhrzölle billigere Preise genießt als das Ausland, also eine weitere künstliche Forcierung dieses Zustandes nicht nötig ist.

5. Endlich scheinen die pessimistischen Erwägungen, daß man die Naturschätze durch Ausfuhrzölle aufsparen müsse, wenig gerechtfertigt. Die Ausdehnung derselben macht die Frage der Erschöpfung noch gar nicht diskutabel, und die Einrichtung wirtschaftspolitischer Maßnahmen auf Jahrhunderte hinaus erscheint angesichts der ungewissen ökonomisch-technischen

Entwicklung nur als eine riskante Gefährdung der gegenwärtigen Interessen.

Wägen wir also die Nachteile der Ausfuhrerschwerungen gegen ihre angeblichen Vorteile ab, so entsteht kein Gleichgewicht; alles spricht nur allzu deutlich zuungunsten der Ausfuhrzölle. Der Nachteil, den eine künstliche Erschwerung der Ausfuhr für unsere Exportinteressen bedeutet, bleibt bestehen, ohne in anderen Wirkungen der Ausfuhrzölle eine auch nur irgendwie ausreichende Rechtfertigung zu finden.

Dieses Resultat als Resümee unserer detaillistischen Erörterungen wirkt aber um so abschreckender, wenn wir es in Hinblick auf die Gesamtlage unseres Außenhandels betrachten.

1. Das Prinzip, daß kein Land auf die Dauer verkaufen könne, ohne auch zu kaufen, ist seit dem Beginn unserer neuen Schutzzollära mit Füßen getreten worden. Hohe Zollwälle gegen die agrarische und industrielle Einfuhr haben den Zustrom fremder Waren nach Deutschland zu hemmen versucht und einseitig ist man bestrebt, uns eine womöglich „aktive Handelsbilanz" zu sichern, worin man entsprechend dem Ideal vergangener Jahrhunderte den günstigsten Zustand für ein Land erblickt. Trotz jener Versuche, uns durch hohe Schutzzölle vor der „Tributpflichtigkeit" gegenüber dem Auslande zu bewahren, haben wir aber auch heute eine stark passive Handelsbilanz, ja es wächst der Wert der alljährlichen Einfuhr schneller, als der unserer Ausfuhr. Es hat sich also trotz aller künstlich geschaffenen Hindernisse der Satz des Quesnay auch hier bewahrheitet: „Kein Land kann auf die Dauer verkaufen, ohne auch zu kaufen." In dem Maße aber, wie wir unter der zwingenden Notwendigkeit jenes Gesetzes stehen, in dem Maße, wie wir, gerade um unsere Stellung als Exporteur zu kräftigen, auch als Käufer auf dem Weltmarkte erscheinen müssen, gewinnt die Umkehrung jenes Satzes steigende Geltung: „Kein Land kann auf die Dauer kaufen, ohne auch zu verkaufen." Ausfuhrzölle würden nur bedeuten, daß unsere Fähigkeit für die steigenden Importe das Ausland in Waren zu bezahlen, künstlich verringert oder eingeschränkt würde. Damit würde dann in der Tat eine Art von „Tributpflichtgikeit" eintreten können: wir müßten wie bisher, trotz unserer hohen Schutzzölle in steigendem Maße Waren vom Auslande kaufen und würden uns die zweckmäßigste Möglichkeit der Bezahlung verkrüppeln, indem wir wichtigen Exportwaren Ausfuhrerschwerungen auferlegten. So ist der Ausfuhrzoll dem Prinzip nach den Interessen unseres Außenhandels diametral entgegengesetzt.

2. Aber auch die Praxis der Ausfuhrzölle würde dem deutschen Außenhandel manche Gefährdung bringen. Einmal fragt es sich, wie sich Ausfuhrzölle in das Gebiet der

Handelsvertragspolitik einreihen würden. Was die Meistbegünstigungsverträge anlangt, so würden sie augenscheinlich mit diesen nicht in Kollision geraten, solange keine Differentialausfuhrzölle erhoben und die Ausfuhrzölle gleichmäßig und in gleicher Höhe auf alle Länder Anwendung finden würden. Nach Grunzel erstreckt sich die Meistbegünstigung sogar selbst dann auf die Ausfuhr, „wenn dies nicht bei der Fassung der betreffenden Klausel ausdrücklich erwähnt wird." Es ergibt sich aber eine Schwierigkeit, wenn man zugunsten von Tarifvertragsstaaten von der einheitlichen Festlegung der Ausfuhrzölle abweichen und differentielle Ausfuhrzölle einführen wollte.

Jedoch liegt es ziemlich fern, an jene Möglichkeit zu denken. Wir haben bereits einmal angedeutet, welche technischen Schwierigkeiten einer differentiellen Zollabfertigung entgegenstehen. Der Maßstab der Verkehrsrichtung, den man zugrunde legen würde, ist durchaus nicht immer bestimmend für den endgültigen Absatzort der Ware und besonders da, wo der Export per Schiff nach verschiedenen Ländern in Frage kommt, wäre es äußerst schwierig, die Differenzierung dieses oder jenes Landes erfolgreich durchzuführen. Besonders wenn man einzelnen Ländern vertragsmäßig eine spezielle Aufhebung des Ausfuhrzolls zukommen lassen wollte, könnten leicht diese Länder Durchfuhrgebiete für solche Staaten werden, die gerade durch den Ausfuhrzoll getroffen werden sollen, man denke z. B. an die Kaliausfuhr nach England und Amerika. Aber auch wenn man, was bisher ja einzig diskutiert wurde, einheitliche Ausfuhrzölle erhebt, und diese mit der Meistbegünstigung und den abgeschlossenen Tarifverträgen in Einklang stehen, so sind ernstliche handelspolitische Gefahren noch anderer Art durch die Ausfuhrzölle gegeben. Es käme nicht einzig darauf an, daß man durch Ausfuhrzölle völkerrechtliche Verträge in ihrem Sinne nicht verletze. Diese Klippe ließe sich leicht vermeiden. Es wäre nur eine Frage handelspolitischer Etikette und Auslegung. Weit mehr sind die Folgen einer anderen Verletzung zu fürchten, nämlich derjenigen, welche andere Staaten durch die ökonomische Wirkung deutscher Ausfuhrzölle empfinden könnten. Da wo einzelne Länder sich durch unsere Ausfuhrzölle ernstlich geschädigt fühlen würden, wären Maßnahmen handelspolitischer Retorsion unausbleiblich. Es ist sogar zu befürchten, daß allein schon die Maßnahme als solche einzelne Länder zu einer Retorsion veranlassen würde, gleichviel welches nun die Wirkungen unserer Ausfuhrzölle in praxi wären. Wir konnten auf diese Möglichkeit viel verweisen. Da wo Schutzzollinteressen in der Fertigindustrie der betreffenden Länder bestehen, würden diese Interessen in unseren Ausfuhrzöllen nur den Anlaß sehen, höhere Zölle gegen unsere Fabrikateinfuhr zu verlangen. So würde unser Außenhandel in den für uns wichtigsten Gruppen unseres Exports, den Fabrikaten, geschädigt werden. Gerade weil zwei der in Vorschlag gebrachten Objekte des Ausfuhrzolls, Kali und Lumpen, nach der amerikanischen Union ihren Hauptabsatz finden, also nach dem Lande der „unbegrenzten Möglichkeiten" der Schutzpolitik, ist die Gefahr besonders groß.

Andererseits ist aber auch in einzelnen Fällen eine direkte Retorsion in Form von Ausfuhrzöllen möglich. Da wo bereits heute im Auslande Strömungen zu deren Gunsten bestehen, würden deutsche Ausfuhrzölle jene Strömungen nur in stärkeren Fluß bringen und der Wunsch nach Vergeltung die Einführung auch ausländischer Ausfuhrzölle befördern. Wäre nicht z. B. ein Ausfuhrzoll auf Kohle und Lumpen das beste Mittel, den österreichischen Ausfuhrzoll auf Holz, für den schon heute in Oesterreich eine lebhafte Bewegung besteht, zum Schaden unserer Industrie, die auf die Einfuhr angewiesen ist, heraufzubeschwören? Jedenfalls würde eine Retorsionspolitik, wie sie in dieser verschiedenen Weise denkbar wäre, unserem Außenhandel nur Gefahren bringen, sie würde zu den Schwierigkeiten, die Einfuhrzollfrage befriedigend zu regeln, neue Verwicklungen fügen und die Möglichkeit eines handelspolitischen Friedens zwischen dem Deutschen Reiche und den an seinem Handel interessierten Mächten verringern.

Ausfuhrzölle wären daher untaugliche Mittel der deutschen Handelspolitik. Die Erfahrungen der Vergangenheit und der meisten Länder, in denen sie in neuester Zeit bestanden, können nicht zu ihren Gunsten sprechen. Eine sorgfältigere Erwägung ihrer mutmaßlichen Wirkungen auf unsere eigene Wirtschaftspolitik zeigt, daß mit ihrer Einführung verhängnisvolle Gefahren verbunden sind.

Es ist ein Gebot der Verantwortlichkeit gegenüber dem Gesamtinteresse unseres Handels, diese Gefahren rechtzeitig zu erkennen und den Weg, auf dem sie drohen, nicht zu beschreiten.

Inhaltsverzeichnis.

PASS & GARLEB G. M. B. H.
BERLIN W. 35
STEGLITZERSTRASSE 11

FSC
www.fsc.org
MIX
Papier | Fördert gute Waldnutzung
FSC® C083411

Kolibri 360 GmbH
Ferdinand-Jühlke-Straße 7
99095 Erfurt, Deutschland
produktsicherheit@kolibri360.de